〈격월간〉 종합문예지 「청목」

문학고을선집 2024 제15호

문학고을

<격월간> 종합문예지 「청목」 문학고을선집 2024 제15호

발행인 서문
006   **조현민** | 발행인 서문

권두언
008   김신영 | 권두언

권두시
010   김신영 | 콘크리트 키드

디카시
011   염혜원 | 신호등, 봄낚시, 등대
014   김선규 | 와불, 징검다리, 내리사랑

시론
017   김신영 | 역발상

수필론
025   정혜령 | 수필을 쓰는 것에 있어 중요한 몇 가지

디카시론
027   염혜원 | 디카시의 바람이 분다

낭송론
032   양경숙 | 시낭송 배워보기 1편

인문학 산책
036   이지선 | 플라톤. 그리고 2024 _ 〈시인 poet〉

신작시

042	김경곤	시절 여행 외 2편
048	김계이	立秋의 메일 외 2편
054	김영철	너의 숨결 외 2편
058	김옥희	폭염주의 경보 외 2편
062	김유리	나무 사이에 세우다 외 2편
068	김정은	그림자 두개 외 2편
074	김창배	기다림 외 2편
080	김희숙	저녁 외 2편
084	나중식	내 마음의 등불 외 2편
090	남상열	외국에서 이사 왔다 외 2편
096	노은진	윤슬 외 2편
101	민원기	화엄사 풍경소리 외 2편
107	방동현	프레임 외 2편
112	방성욱	사랑니 외 2편
116	배상록	k-나무 외 2편
122	신기순	새벽시장 외 2편
126	안귀숙	그는 가을 외 2편
133	오금석	잊혀진 향기 외 2편
138	오향숙	힐링시간 외 2편
142	윤나영	금계화 들판에 서서 외 2편
147	이동일	봄 떠나던 날 밤 외 2편
153	이문학	인생의 여정 외 2편
160	이영화	달개비아재비 종이꽃 외 2편
167	이재성	진한 날 외 2편
174	이정열	갈증 외 2편
182	이종순	매미 오줌 외 2편

187	이지선	물고기 외 2편
191	이현숙	가끔은 하늘을 보며 쉬엄쉬엄 살자 외 2편
196	임성환	Calligraphy 변주變奏 외 2편
201	임주아	무위無爲 외 2편
206	장성진	마늘잎 고등어찜 외 2편
212	최근용	아침 풍경 외 2편
216	최해영	무궁화 외 2편
221	한순남	토닥토닥 외 2편
225	한충한	사막의 방랑자 외 2편
229	허 환	길의 끝에 서면 외 2편

신작동시

| 238 | 강영란 | 9월의 영산강 외 2편 |
| 242 | 김효주 | 빨갛게 물든 코 외 2편 |

신작수필

249	박소현	그랬구나! 그랬었구나!
256	신경희	'행복' 만들면 되지
260	신용윤	저 하늘에 핀 호박 꽃
266	이상학	1979년 코스모스
271	이필수	나는 빽(?) 자랑하러 출근한다
277	정동혁	리비아 대수로 공사
284	정혜령	여름과 봄 사이
289	정호진	육아우울증과 번아웃 그 외

신작소설

| 296 | 남기선 | 아내는 태국의 공주님 |

⟨격월간⟩ 종합문예지 「청목」
문학고을 선집 2024 제15호

발행일 | 2024년 9월 30일

발행인 | 조진희
편집인 | 조현민
발행처 | 문학고을 출판사

주소 | 경기도 부천시 오정구 성곡로 16번길 7 901호
서울사무실 | 서울특별시 강남구 학동로38길 38 (논현동) 204호
전화 | 02-540-3837
홈페이지 | www.문학고을.com
이메일 | narin2115@naver.com
등록 | 제2020-111176호

ISBN 979-11-92635-25-5 03810
ISSN 2799-9904

*본지는 잡지윤리실천강령을 준수합니다.
*이 책 내용의 전부 또는 일부를 재사용하려면 반드시 저작권자와 문학고을의 동의를 받아야 합니다.

발행인 서문

　우리 인간에게는 고독과 외로움이 존재하며 혼자 있는 걸 느끼지 못하면서 혼자 있는 것은 절대 고독이라고 하며 혼자 있는 걸 느끼면서 혼자인 것은 외로움이라고 말한 '예반'의 말을 떠올려 본다.

　흐르는 물은 다시 돌아오지 않고 떠나가는 구름은 다시 만날 수 없으며 꽃은 다시 필날이 있어도 사람은 다시 젊음을 다시 찾을 수 없다 하였다.
　산색은 예나 지금이나 변하지 않는데 사람의 마음은 아침 저녁으로 변하는데 본래부터 인간은 상처투성이의 외로운 존재일 수밖에 없고 문학적 영원성과 치유만이 절대 고독과 외로움을 극복하는 해결책이 아닌지 싶다.

　24년 9월은 엘리트 문학의 산실인 문학고을에서 격월간지인 '종합문예지 청목'이란 타이틀로 출간을 통한 명품 문학지로 제2 도약을 꿈꾸는 자축의 의미 또한 크다고 하겠다. 시론, 수필론, 시낭송론, 디카시론, 인문학 코너 등 다양한 콘텐츠를 싣고 엘리트 문단의 산실로 우뚝 서며 명품 문예지로 거듭나기 위한 출발점에 있기에 더욱 그러하다.

 독자와 작가의 문학적 소통과 정보 공유 그리고 가교 역할을 통해 문단 발전의 작은 밀알이 되고자 한다.
 문우들의 많은 관심과 격려 사랑과 힘찬 응원 부탁드린다.

— 문학고을 회장 · 시인 조현민

권두언

김신영

 문학을 창작하는 일은 자신을 드러내는 일이다. 특히 시는 자신을 가감없이 드러내기에 충분한 글이다. 이에 자신을 드러내는 방법에 대해 고민하지 않을 수 없다.
 흔히 잘난 체는 자신을 드러내는 방법 중 가장 하등에 속한다. 가장 쉽게 어떤 장치도 하지 않고 자신을 드러낸다. 자랑질도 자신을 드러내는 방법이다. 이러저러한 일을 자랑한다. 자랑질은 그나마 자신의 잘난 점, 잘한 점, 좋은 점으로 자랑하니 잘난 체보다는 윗수에 해당한다.
 다음으로 들 수 있는 것이 비유법인데 비유는 문학에서 쓰는 방법중 하나다. 특히 은유법은 고수들이 주로 쓴다. 은유를 쓰는 것은 잘난 척을 직설적으로 말하지 않는 방법으로 다른 사물에 의탁하여 숨겨서 표현하는 방법이다. 이는 많은 사고를 요하는 작업이기도 하다. 따라서 비유중 은유를 잘하는 사람은 문학작품을 잘 쓸 가능성이 커진다.
 이러한 드러내기 방법중 가장 고수가 상징이다. 상징은 아무나 쓰지 못한다. 워낙 많은 것을 내포하기에 시적 흐름과 잘 맞아야 하고 표현하고자 하는 주제와도 잘 어

울려야 하기 때문이다.

　윤동주의 '서시'라는 시는 본래 제목이 아니었으나 시의 시작이라는 의미와 더불어 무언가를 하려는 마음가짐에서 사람들의 마음을 크게 울린 바 있다. 서시의 상징성은 〈서시〉라는 시의 내용과 더불어 '한점 부끄러움 없기를' 바라는 마음이 만나서 지고하고 순수한 결정체를 지향하는 시구로 유명하다.

　특히 문학을 하는 사람들은 무결점의 작품을 추구하기에 이 점은 널리 알려지고 세계적인 명구가 되었다. 설사 작품에서 가장 하수를 표현하였다 하여도 그것을 드러내어 진실을 말하려는 진심이 느껴질 때 독자는 감동하며 열광한다.

　문학을 하는 사람들은 이러한 자신을 드러내는 의미를 잘 알아 사용하여야 할 것이다.

시인, 평론가
중앙대 국문과 문학박사
홍익대 대전대 호서대 등 외래교수 역임
《동서문학》 신인상 '94 등단
시집 『화려한 망사버섯의 정원』(문학과지성사, '96)
평론집, 시창작론집 등 6권 출간
《기독교문학가협회》 편집주간
2023 심산재단 시문학상
이천문인협회 회장
문학고을 수석 등단심사위원

| 권두시 |

콘크리트 키드

김신영

벽에서 향기가 난다
향기마다 바람에 실려
별밭으로 내려간다
어머니의 고향같은 향기
내가 실려 갈 어느 바다 같은 향기
내 살이 콘크리트 향을 풍긴다
오래도록 콘크리트 속에 살아
콘크리트에 담긴 것이 내 생각이며
내 생각이 콘크리트처럼
단단하고 반듯한 길을 간다
하여, 매끈한 벽이 무너질 리 없다
벽을 닮은 내가 무너질 리 없다
백년을 가도 단단한 콘크리트를
무엇에 비길 수도 없다

하여, 내 인생은 콘크리트를 소망한다
백년이 가도 단단한 살을 소망한다

| 신호등

아직도 줄 것이 남아있다는 듯
바싹 마른 몸으로
어여 오라고
와서 한 보따리 가져가라며
들판에 켜둔 붉은 등 하나

— 24년 제7회 경남고성 국제한글디카시공모전 우수상

염혜원

| 봄낚시

더디 오는 봄을 낚으려
겨울에게 미끼를 던졌습니다

― 24년 제6회 한국디카시경시 1등 작품상

염혜원

| 등대

하늘 향해 솟아있는 언어의 촉으로
지리산 품어 봉우리마다 담아낸 이야기
불멸의 정기가 웅숭깊게 흐른다
세월의 파도를 지켜온 날이 선 등대

— 23년 제9회 이병주하동국제문학제 디카시공모전 우수상

염혜원

| 와불

지친 육신 편히 쉬어가소서
외로운 기도는
고행의 길 걸어온 부처에
비할 수 없으리

— 24년 BM 시사불교 신춘문예 우수상

담현 김선규

징검다리

꿈과 도전을 향해 미래를 열어 가는 길
징검다리 놓아주고 우산이 되어 주는
부모 마음은 다 그런 거래요

— 24년 제9회 한국 디카시 경시 최우수 작품상

담현 김선규

내리사랑

자신을 모두 내주어
빈 그릇 가득 채워주는
삼대의 내리사랑

— 24년 제5회 한국 디카시 경시 인기상

담현 김선규

| 김신영 교수의 시론 |

역발상

김신영 교수

　기존의 사고를 뒤집어 생각하는 역발상은 시의 기법에서 가장 통쾌하게 독자의 생각을 뒤집어 주는 깨달음의 미학이 들어있는 기법이다. 역발상으로 유명한 광고 천재 이제석의 사진을 보면 역발상의 의미를 더 쉽게 이해할 수 있다. 아래의 사진을 보자.

　이 사진은 장총의 모습을 그대로 찍은 것이다. 이를 전봇대에 붙이자 놀라운 역발상이 나타난다. 미국에서 활동하던 이제석의 광고들은 그렇게 광고계의 전설이 되었다. 이 광고 역시 총구가 결국은 자신을 향한다는 역발상으로 전쟁에 대한 경각심을 일깨워주었다.

역발상은 기존의 생각을 깊이 숙고하는 데서 출발한다. 기존의 문제점을 들추어내면서 그 상황에 대한 이해가 수반되어야 하는 것이다.

서로 총을 겨누는 전쟁은 그 상황이 상대를 억압하고 멸망시키는 일이 목적이지만 사진에서 때로는 자신을 옥죄는 일이기도 하다는 사실을 극명하게 알려 준다. 민족과 민족의 전쟁, 나라와 나라의 전쟁은 좀 다르다고 할 수는 있지만 개인의 총구가 결국은 자신을 겨눈다는 것은 역발상의 놀라운 효과라 하겠다.

역발상의 기법으로 디자이너가 활용하는 방법을 예로 들어 보자. 디자인 씽킹의 다섯 단계로 불리는 데 첫 단계로 공감이 있는데 이는 공감하면서 문제를 찾는다. 두 번째 단계는 정의라고 하는데 문제에 대해서 깊은 이해가 있어야 한다. 세 번째 단계는 깊은 생각으로 이미지들을 도출해야 한다. 이는 문제 상황에 대한 아이디어 및 해결방안 모색하는 것이다. 네 번째 단계로 프로토타입이 있다. 3단계에서 모색한 아이디어 및 해결방안과 제작화의 과정이다. 다섯 번째 단계로 테스트를 하는 것이며 이는 검토 및 시행하여 적합한지 최종 결정을 하는 것이다.

거기에 디자인 사고의 핵심인 '반복'에 맞는 테스트를 거치고 문제가 해결되지 않으면 다시 공감의 단계로 돌아간다. 흔히 우리가 기존의 사고라고 하는 것은 말하자면 '아는 게 병'인 상황이다. 아는 것을 버려야 한다. 과감하게 버리고 그것을 뒤집어 생각해야 한다.

일론 머스크는 역발상으로 스페이스 X와 로켓을 론칭하여 회사의 대전환에 성공하였다. 그것은 불가능이었다. 말도 안 되는 상황이었다. 배터리로 움직이는 자동차 테슬라의 탄생이 역발상에서 비롯된 것은 잘 알려진 사실이다.

한국도로공사 세이프티 레인(고속도로 노면 색깔 유도선)은 새로운 발상으로 유명하다. 도로상에 실선 점선 분리선 외에는 어떤 선도 그어서는 안 되는 상황에서 과감하게 선을 선명하고 굵게 그리고 대차게 그은 것이다. 이 또한 역발상이다. 한국의 한국도로공사의 윤석덕이 시작하여 유도선은 세계적인 호평을 받으며 전 세계로 퍼져 나가고 있다. 그것은 고속도로에서의 사고에서 비롯하였다. 2011년 3월 안산 분기점에서 서로 엇갈리며 급히 차선을 변경하려다 발생한 사망사고가 직접적인 계기가 되었다. 이에 해결책을 고심하던 중 집에서 자녀들이 물감과 크레파스로 줄을 죽죽 긋는 모습에 아이디어를 얻었다고 한다.

내비게이션의 안내만으로는 한계가 있는 주행의 취약한 부분을 수많은 반대에 부딪치면서 과감하게 실행하며 성공하였다. 이에 따라 유도선의 설치전과 후의 자동차 사고율이 전에 없이 줄어들었다. 고속도로 분기점 나들목 사고는 27%가, 서울시 교차로는 사고 발생률이 50%나 감소하는 효과를 보았다.

이처럼 역발상은 그 효과가 크다는 점에 주목해야 한다. 생각을 비틀고 언어를 비틀면 역발상이 시작된다.

히치히치/김은주

멋지 않는 구름을 그리고 싶어/우리는 구정물을 구겼다
공중의 질감을 이해하는 자매가 되기 위해/여러개의 귀를 열고
자는 양 오래 물결소리를 들었지/귓바퀴의 진동으로 상상력을 키우며
태어나 처음 밀어낸 혼잣말이/맨 처음 들었던 귓속말임을/몰래 믿었다//
외계에 인색한 성품은 소문에 관대했지만/사교적이 되기를 결심하는 대신
겉돌수록 밝아지는 가족들/수치와 아름다움은 같은 맛이다
나를 낳은 자들아/우리는 어색한 순간에 웃었지만/웃을수록 허술한 기분이 돼버렸지//
비밀스럽게 칠하자/빛을 삼긴 백동전으로/히치히치/위험한 소원이 이루어지듯
구정물 속에서 가족들이 손을 잡고 걸어나올지 몰라/우리는 서로의 찡그림을 재현하기 위해/스스로의 뺨에 틱(tic)을 묻혔다

*히치히치: 피륙이나 종이 따위가 군데군데 치이거나 미어진 모양, 물건의 반드러운면이 무엇에 스쳐 드문드문 벗어진 모양

정오에게 레이스 달아주기/김은주

정오는 정수리에/그림자를 이고 있는 시간이죠/밋밋한 그림자에 에이스가 필요해요//
햇살을 주워 정오의 치맛단이나/소매 끝에 붙이면, 졸음이 나풀거리고
한 시가 되고 두 시가 되죠//그때 시간은 바닥에 눕거나 발목을

휘감고

　비스듬하게 사람을 따라 다녀요//곧 기울어질 정오/이때 나무들도 바람의 레이스를 달고/제키를 보여주요//검은 레이스, 마치 우리가 명동 성당에서 본/미망인 프란체스카가 살포시 머리에 얹었던/검은 미사포 같아요//

　햇살이 돌아서면/눈부신 레이스도 사라지죠/모퉁이를 돌 듯 순식간에 사라져 버리는

　정오는 지나가는 왼쪽의 방향을 가지고 있어요//

　늘 그 자리에 서 있는 당신/저는 당신의 감정을 잘 알지 못해요 딱딱한 그 감정에 오늘은/레이스를 달아주고 싶은 날이에요

　김은주/2009년 《〈동아일보〉》 신춘문예, 시집 『히치히치』『정오에게 레이스 달아주기』

갑자기 죽은 표정/이근화

　한 박스 가득 구천구백 원/냉장고의 환한 어둠 속에서
　잠자다 깨어나기를 반복하다/싹이 났다
　여러모로 피곤했다 감자는/거대하게 자랐다
　싹 튼 감자는 죽은 것처럼 보였다
　너무 크게 자라서 냉장고 서랍을/뚫을 듯 힘찼다
　힘차게 죽어갔다/메롱메롱 감자에 대해서/말할 수 없었다

　이근화 /2004년 《현대문학》 등단. 시집 『칸트의 동물원』『우리들의 진화』『차가운 잠』『내가 무엇을 쓴다 해도』『뜨거운 입김으로 구성된 미래』『나의 차가운 발을 덮어줘』.

김은주와 이근화의 시는 역발상이 보이는 작품이다. 정오에 레이스를 달아준다거나, 냉장고 속의 감자를 요리 대상으로 여겨 죽은 것으로 보지 않고 살아 있는 생명체로 여기는 것은 기존의 생각을 뒤집는 발상이다.

이처럼 역발상은 상식을 벗어나지만, 그 효과는 훨씬 크다고 할 것이다. 역발상을 할 수 있다면 시의 경지에 오르기 시작한 것이다.

김신영 교수

시인, 평론가
중앙대 국문과 문학박사
홍익대 대전대 호서대 등 외래교수 역임
《동서문학》 신인상 '94 등단
시집 『화려한 망사버섯의 정원』(문학과지성사, '96)
평론집, 시창작론집 등 6권 출간
《기독교문학가협회》 편집주간
2023 심산재단 시문학상
이천문인협회 회장
문학고을 수석 등단심사위원

| 수필론 |

수필을 쓰는 것에 있어 중요한 몇 가지

정혜령

 * 일반적으로 수필이 형식에 얽매이지 않는다고 하지만 수필에는 다양한 경험과 스토리가 있어야 합니다.
 * 기교를 부린 글은 마음에 와 닿지 않습니다. 즉 감동을 깍아 먹는 일입니다.
 * 가능하면 접속사나 부사는 쓰지 않도록 해야하며 수식을 너무 많이 하지 않는 것이 좋습니다. (형용사 자제)
 * 아름답게 쓰는 것도 좋으나 글에는 진실함이 있어야 합니다.
 * 편하게 읽히는 글이 좋은 글입니다.
 * 분명하고 구체적으로 글을 표현해야 합니다
 * 한 문장에는 가급적이면 한 가지 이야기만 씁니다. (문장을 짧게 해야 가독성이 있습니다.)
 * 주어는 가능하면 사람으로 합니다.
 * 동사는 수동태 보다는 능동태로 합니다.

정혜령 시인, 수필가

서울 출생 국문학 전공
월간 시사문단 시,수필 등단
문학고을 수필 등단
한국시사문단자가협회 회원
한국예술인 복지재단 예술인 작가
북한강문학제 추진위원
제17회 빈여백동인문학상 수상
제19회 풀잎문학상 수상
수필집 - '모든 순간이 다 좋았어' 공저
제17호 '봄의 손짓' 공저
제1회 청목 문학상(작가대상) 수상
문학고을 시선집 다수 공저
에세이집 -
'행복이라는 주파수에 달콤해지는 인생'
현) 문학고을 수석고문 및 등단 심사위원

| 디카시론 |

디카시의 바람이 분다

염혜원

  디카시는 디지털 멀티미디어 시대에 최적화된 문학 형식으로 시대의 요구와 흐름에 부응하는 새로운 문학 장르다.
  기성 시인이 디카시를 창작하고 있으며 디카시 공모전에도 많은 사람이 참여하고 있다. 예를 들어 최근 열린 황순원 디카시 공모전에는 1,000편이 넘는 작품이 응모되었다.

  디카시(Dica-poem)는 디지털카메라와 시의 줄임말로 자연이나 사물에서 시적 형상을 포착하여 본인이 찍은 영상(사진)과 함께 5행 이내의 문자로 표현한 시이다. 이는 언어 예술의 범주를 확장하여 사진과 문자를 하나의 텍스트로 결합한 멀티 언어 예술이다.

  2004년 문예창작과 이상옥 교수가 창안했으며, 2016년 국립국어원 우리말샘에 새로운 문학 용어로 등재되었다. 이후 중·고등학교 교과서에도 수록되고, 대학교 문예창작과에서도 하나의 시 장르로 가르치고 있다. 또한,

고성 국제디카시 페스티벌이 올해로 제17회를 맞이했으며 이병주 하동 국제문학제 디카시 공모전, 황순원 디카시 공모전, 이형기 디카시 신인문학상 공모전 등 지자체와 문학단체 공모전 신춘문예도 열리고 있으며, 해외에서도 많은 관심을 받고 있다.

디카시는 디지털 미디어의 속성을 활용하여 순간 포착, 순간 언술, 순간 소통하는 새로운 문학 장르다. 사진과 시의 조화로운 결합을 통해 축약된 예술적 가치를 담아 "예술이 일상이 되고 일상이 예술"이 되는 매력적인 생활 문학으로 자리 잡고 있다.

디카시는 5행 이내의 짧은 시구를 사진과 함께 담아 실시간으로 공유하는 특징이 있다. 시적 문장으로 그 순간의 감흥을 사진과 함께 담아 실시간으로 공유한다. 사진에서 시의 절반이 완성되어 있으므로 일반 문자 시처럼 길어질 이유가 없다.

디카시는 우리가 일상 속에서 쉽게 접할 수 있는 빛나는 아름다움을 활용하는 예술이다. 햇살, 하늘, 별빛, 나무, 그늘, 향기, 꽃, 공기, 숲길, 바람, 풀 등 이러한 소중한 것들이 우리에게 말을 걸어올 때, 그 순간을 포착해 사진을 찍고 시적 언술로 표현하는 것이다. 자연과 사물을 바라보는 시선이 남다르게 깊어야 하며, 작고 낮은 자리의 소중함을 발견하는 안목이 필요하다.

윌리엄 블레이크의 말처럼 "한 알의 모래에서 우주를 보고 한 송이 들꽃에서 천국을 본다. 그대 손안에 무한을 쥐고 찰나의 시간 속에서 영원을 보라"

좋은 디카시의 창작 요건은 좋은 영상(사진)의 포착이고 영상과 융합할 수 있는 시적 문장의 조화로 사진을 설명하지 말아야 한다.
문자 시처럼 완벽한 텍스트성을 갖추는 것이 아니라 디카시의 문자는 그 자체로서 시가 아니고 문자기호에 불과하기에 영상(사진)과 한 몸이 되었을 때 비로소 디카시가 되는 것이다.
영상과 시의 결합을 통해 독자에게 강렬한 울림을 줄 수 있어야 한다.

우리에게 감동을 주는 힘은 거창하거나 화려한 데서 오는 것이 아니다. 디카시는 누구나 쉽게 접근할 수 있고 즐거워 할 수 있으며 누구나 창작할 수 있고 누구와도 나눌 수 있는 행복한 시운동이다. 해독이 어렵고 난해하고 평론가와 시인들만의 전유물로 독자들과 불통하는 시가 아니고 디카시는 공감하고 소통하는 시를 지향한다.

디카시는 이제 한국의 국경을 넘어 전 세계로 확산일로

에 있다. 세계 최고의 스마트폰과 반도체 생산국인 대한민국의 디지털 인프라를 바탕으로 메이드 인 코리아 디카시는 K-팝처럼 K-리터러처의 문학 한류를 선도하고, 세계적인 예술 장르로 당당히 자리매김하며, 한국문학의 위상을 더욱 높일 것으로 기대된다.

송연(淞硯) 염혜원 시인

대일외고졸업, 서울예대졸업
중앙대학교 예술대학원 문예창작전문가과정
중입자치료지원센터코리아 실장
문학고을 홍보본부장 / 서울지부 지부장

문학고을 등단 시 부문 신인 문학상 수상
문학고을 최우수 작가상 수상
문학고을 청목문학상 수상

제7회 경남고성국제한글 디카시 공모전 우수상
제9회 이병주하동국제문학제 디카시 공모전 우수상
제6회 한국디카시경시대회 1등 작품상
제1회 영등포 디카시 공모전 입선

〈저서〉
문학고을 6, 7, 8, 9, 10, 11, 12, 13, 14 선집 공저
『시향』『향촌의 사계』공저

| 시낭송론 |

시낭송 배워보기 1편

양경숙

  시낭송이란,
  시를 완벽하게 외워서 낭랑하게 말하듯이 이야기하듯이 노래하듯이 하는 것을 말한다.

  시낭송을 잘하기 위해선 먼저 시인의 시를 쓴 시대적 배경과 사유까지 모두 이해될 때까지 소리 내어 낭독해 보는 것이 먼저다.

  시낭송을 하기 위해서 첫째: 복식호흡을 한다.
  배꼽 아래에 배에 힘을 주고 〈아, 애, 이, 오, 우〉 입을 크게 벌리고 입 모양을 정확하게 발음하며 크게 말해본다.

  둘째: 발음을 정확하게 해야 한다.
  발음이 정확하지 않으면 듣는 사람이 잘 이해하지 못하고 산만하게 들린다.
  사투리 발음을 교정할 수 있는 좋은 기회도 된다.
  아나운서들은 볼펜이나 젓가락을 입에 물고 연습한다

고 한다.

　그러나 때론 시대적 사투리가 들어가서 더 좋은 시낭송이 되는 경우도 있다.

　셋째 : 속도 조절이다.
　고저장단을 완급하고 때론 빠르게 때론 느리게 한다.
　이때 주의할 점은 너무 느리면 갑갑하고 너무 빠르면 전달이 안된다.

　집을 지을 때 기초가 튼튼해야 하듯이 시낭송도 마찬가지다.
　기초가 튼튼하면 어떤 시도 잘 낭송할 수 있다.

　♧ 발음 연습 문장

　1. 작년에 온 솥장수는 새 솥장수이고, 금년에 온 솥장수는 헌 솥장수이다
　2. 상표붙인 저 큰 깡통은 깐 큰깡통인가 안깐 큰 깡통인가.
　3. 강남콩옆 빈 콩깍지는 완두콩 깐 빈 콩깍지이고 완두코옆 빈 콩깍지는 강남콩 깐 빈 콩깍지이다.
　4. 서울특별시 특허 허가과 허가과장 허 과장
　5. 저기 가는 저 상장사가 새 상 상장사냐 헌 상 상장

양경숙 33

사냐.

　6. 내가 그린 기린 그림은 긴 기린 그린 그림이고 니가 그린 기린 그림은 안 긴 기린 그림이다.

　7. 저기 저 말뚝은 말 맬만한 말뚝이냐 말 못 맬만한 말뚝이냐.

　8. 저기 계신 저 분이 박 법학박사이시고 여기 계신 이 분이 백 법학박사이시다.

　9. 들의 콩깍지는 깐 콩깍지인가 안 깐 콩깍지인가.
깐 콩깍지면 어떻고 안 깐 콩깍지면 어떠냐.
깐 콩깍지나 안깐 콩깍지나 콩깍지는 다 콩깍지인데.

　처음에는 천천히 정확하게 읽어 보다가 완전 빠르게 읽어보는 연습을 하면 된다.

양경숙 교수

한서대학교 시 창작 초빙교수
시와 창작 등단,
한국창작 문학 수상,
시 낭송 전문가
원광대학교 행정대학원 수료
동국대학교 평생교육원
주) 대성화학 대표이사
시집:
지지않는 글꽃
엄마도 엄마가 보고싶다
현) 문학고을 고문 및 등단 심사위원

| 인문학 산책 · 칼럼 1 |

플라톤. 그리고 2024 _ 〈시인 poet〉

이지선

　우리는 모두 시인이다. 시인이라는 직업은 꽤 오래된 직업이다. 수많은 직업이 사라지고 만들어지는 현시대에 시인이라는 직업이 어떻게 생존할 수 있었을까? 우리가 기억하는 가장 오래된 시인으로 고대 그리스의 〈일리아드〉〈오디세이〉의 호메로스를 가장 먼저 떠올리지 않을까 한다. 호메로스는 대표적 음유시인으로 떠돌아다니며 서사시로 분류되는 이야기를 전파하는 역할을 했다.
　이러한 음유시인을 플라톤은 덕성을 갖춘 인간이 아닌 저급한 인간을 모방하는 자라고 비판했다. 플라톤은 이데아계와 현상계를 구분한 형이상학적 이론을 제시한다. 이데아idea는 모든 사물의 근본이며 초월 세계超越世界이며 오직 이성으로만 인식될 수 있는 관념의 세계이다. 모든 사물의 원형이 되는 곳으로 변형되거나 사라지지 않는 근본적 세계를 이데아로 명시하며 이와 반대의 세계인 현상계를 제시한다. 현상계는 이데아를 바탕으로 만들어진 세계이며 감각 세계感覺世界를 뜻한다. 현상계는 끊임없이 변화하는 세계이며 감각에 의해 지각된다. 플라톤에 따르면 현상계의 모든 사물은 형상을 본뜬 그림자에 불과하다. 이러한 이원론적 이론을 바탕으로 음유시인이란 현상계에 존재하는 가변하는 것들을 모방하여 시로 이야기하고 그림으로 표현하는 허구의 허구에 불과하다고 설명한다.

  플라톤의 이러한 이론에 따르면 예술은 이데아를 반영한 현상계의 모방이기에 음유시인은 비이성적인 것들에 지배되어 타락하게 될 수밖에 없는 존재가 된다. 그러나 고대 그리스의 음유시인은 사람들의 이야기들을 전파하고 소통하였다. 시의 정서와 상황은 이야기들을 쉽고 공감할 수 있게 나타낼 수 있는 요소들로 암송되며 더욱 오랫동안 많은 사람들의 현시대를 함께 나누었다. 2016년 밥 딜런은 노래 가사의 문학성을 인정받아 노벨 문학상을 타게 되었고 이를 두고 현대적 음유시인이라는 수식어가 붙기도 했다. 이렇게 시인이라는 단어는 직업을 뛰어넘어 의사소통이라는 문학적, 예술적 상징이 존재한다.

  시인이 속한 사회와 현상을 언어로 표현하여 존재하게 하였으며 시대의 니즈에 맞는 형식을 변화시키며 사람들과의 문학적 의사소통을 이루고 있다. 시의 형식들의 변화와 주제들은 그 시대를 대표하는 사람들의 이야기를 관통한다. 그러기에 플라톤이 말하는 이데아idea의 근본적 세계를 언어적 요소로 표현하여 현상계와 소통할 수 있게 만드는 역할을 시인은 하고 있는지도 모르겠다.

  이러한 시인의 상징성과 정체성은 오랜 시간을 두고

만들어진 화석처럼 역사와 문화, 인간이 만들어 낸 모든 이야기를 언어로 단단히 드러내고 있다. 사람들과 사람들에 대한 소통의 언어는 곧 시인의 정체성이다. 고대부터 전해진 언어의 소통을 이어온 시인이라는 직업은 꽤 낭만적이며 시대성을 그대로 드러내고 있는 미시적, 더 나아가 거시적 관점의 기록자라 할 수 있겠다.

이지선 시인

2022 문학고을 신인문학상 시부분
2022 문학고을 최우수상
2022 〈모퉁이가 있다〉 시집 출간
2023 부평구문화재단 시소 입주 작가 (창작부분)
2023 연희동 문학창작촌 12월 입주 작가
2023 〈내 마음이 지옥 같아서〉 시집 출간
2023 인천시 신진예술인 시 부분 선정
2024 문학고을 청목문학상 (작가대상) 수상
현) 문학고을 등단 심사위원

문학고을시세이 · 03

인생 지기 칠순 부부의
여여한 일상, 그리고 세상 보기

김순석 · 이옥녀 시세이

김순석 · 이옥녀 시세이
값 12,000원 / 294쪽

저자 1.

김 순 석 (金順石)
서울 중등 교단, 대학에서, 30여 년 후학을 양성함.
법대 행정학 전공 교육대학원 졸업
교육공무원 은퇴
병역: 육군 중위 제대(ROTC 14기)
(1987년~ 2013년 아시아 유럽 중남미
아프리카 중동지역 역사 문화 탐방)
효자 표창, 서울시 교육감, 대통령 표창
인제군 '인제사랑 수기 공모전' 수상
인제군 '생태환경 독후감' 수상 외
문학 고을 '신인 문학상 수상' 등단
현재 인제군에서 농업에 종사

저자 2.

이 옥 녀 (李玉女)
경북 상주시 함창읍 출생, 학창시절 문예반 활동
각종 대회 수상 외 식품영양학과 졸업
미술 심리치료사 수료(고려대학교)
문학 고을 '신인 문학상' 수상 등단
현재, 서울 잠실 성당 시니어 봉사활동.
　　인제군, 여성 농업인

작가는 무엇보다 어린 시절부터 문예를 사랑하였고, 부창부수이듯이 부부가 함께 오랜 시간 동고동락하면서 문예를 사랑하였다고 고백한다. 칠순을 맞이하기까지 사랑한 그의 삶과 글과 부부의 지락은, 여여한 작은 등불이 되어 반짝인다. 이처럼 겸양의 미덕을 펼쳐 내면서 삶을 포용하고 견디고 일으켜 세운 공로가 웅숭깊다.

시인은 거대하지 않으며 소박하고 삶이 있는 그대로 받아들이면서도 비판적 사고를 하고, 또한 긍정을 잃지 않았다. 그리고 애국심의 발로에서 비롯된 위인들의 예찬은 대한민국 국민으로서의 책무를 생각하게 한다. 그러면서도 비판적 자세를 견지하는 일은 자신의 판단 가치를 믿는 행동이며, 자신감을 드러낸 것으로 녹록지 않은 세상살이에서 균형을 찾는 것이라 하겠다.

— 김신영 (시인, 문학박사)

신작시

김경곤	오향숙
김계이	윤나영
김영철	이동일
김옥희	이문학
김유리	이영화
김정은	이재성
김창배	이정열
김희숙	이종순
나중식	이지선
남상열	이현숙
노은진	임선환
민원기	임주아
방동현	장성진
방성욱	최근용
배상록	최해영
신기순	한순남
안귀숙	한충한
오금석	허환

시절 여행 외 2편

김경곤

태어나 처음으로
머스마들은 까까머리
가시네들은 단발머리.
여섯 줄기에서 한 줄기로
모여든 봉양鳳陽의 샘터.

봉기암鳳岐岩 자락에서
털갈이하던 시절.
누가 더 컸나?
누가 더 자랐나?
질투하던 설익은 날들!

풍월 읊던 시절을 지나서
파랑새로 날던 청춘들.
들꽃처럼
들풀처럼
온누리를 덮었구나!

빛나던 보석도
예리한 검도

갑자甲子의 강을 지나니
한 줄기 햇살에
쓰러지는 무지개!

일용할 한 줌의 양식.
세상을 향한 어진 눈.
함께 걸어갈 벗.
셋만 있더라도
부요한 시절이로구나!

낙수 소리

어느 해 보다 긴 장마
늦게까지 TV 보다가 잠을 청합니다.
새벽녘에 나를 깨우는 낙수 소리!

또옥 똑!
첫사랑 소야곡입니다.

또독 또독!
추억의 환상곡입니다.

뚜두 뚜두 두두두두~
폭우의 행진곡입니다.

인간이 도깨비 폭군을 낳았습니다.
오늘 습격을 당했습니다.
안다리를 걸고 담벼락을 넘어뜨립니다.
배지기로 집채도 자빠뜨립니다.
이웃의 생명을 앗아갑니다.

낙수 소리!

침입자의 발자국 소립니다.
울분을 토하는 하늘의 곡哭소립니다.
새벽을 지새운 불침번의 한숨 소립니다.

돌덩이

코가 막힌 것처럼 숨이 가쁘고
고구마를 먹고 체한 것처럼 가슴이 답답하다.

어떤 이는 돌멩이를 발목에 묶고 살고
어떤 이는 돌덩이를 머리에 이고 산다.

누구는 돌멩이를 손에 들고 살고
누구는 돌덩이를 가슴에 얹고 산다.

아무는 자갈에 깔려 살고
아무는 바위를 밟고 산다.

누구나 무게와 크기는 달라도
돌덩이는 삶을 지탱하는 균형추!

남들보다 돌덩이가 크다고 불평하지 말라
당신의 그루터기가 남들보다 커서 그러하오.

돌덩이는 사람마다 크기는 달라도
신이 우리에게 준 시련의 복덩이!

청곡(青鵠) 김경곤 시인

경북 의성 출생
금오공고 전자과 졸
한국방송통신대학교 국어국문학과 졸
현, 케이3테크(K3테크) 대표
문학고을 신인 문학상 시 부문 수상
『문학고을선집 제13집 봄』, 염혜원 외 84인 공저
E-mail: k3tech@naver.com

立秋의 메일 외 2편

김계이

교훈은
파랑 철새로 날아갑니다
2% 변수의 고뇌

여러 갈래
앞으로 가는 길만 설계된
알 수 없는 정글
끊긴 퇴로를 슬퍼합니다.

많은 계절을
책갈피에서 기다리다
색종이 속눈썹보다 야위어

안단테 쉼표에서
눈 감은 꽃 잎
잊고 살았네요
여름이 지는 밤 생사의 꿈을

단군신화는
거기에서 우화로 진화해요

엄중한 순간의 섭리

장미는
뿌리에서 도란도란 피고
열매는 지구 속살에서
소곤소곤 달게 익어요

국화 옆에서를 읽으며

불면 잡아오는
노란 꽃 잎
무서리를 고뇌하다가

오동통 살 오른
詩종자를 탈탈 털어주고
영영 비상하신 님

가슴 먹먹한 광고 카피처럼
한로가 빈 가지에서
초록 달을 울면
시공 안테나가 실눈을 뜹니다.

저무는 시간그네에 앉아
정중한 문어체 안부를 여쭙니다

그 곳에는 지금도
파스텔톤 하늘에
귀 밝은 소쩍새가 날아가는지요?

적벽대전

전야의 뜨거운 긴장
개구리 눈처럼 끓어올라
벌벌벌
넘치는 찻물은

으르렁 으르렁
삿된 열망과
마지막 자비를 경계한다

진검승부 변곡점을 읽어
역사를 회전시킨 붉은 동남풍은

음률을 열어
과거에서 온 사람이
굵고 짧게
미래로 넘어간 행로

잔소리 많은 바람만
오래 살아서
귀납법 연대기를 다시 쓰는데

생각도 늙으면 쓸모가 다 해
말을 삼킨 강은
단풍보다 서럽게 혼자 운다.

김계이 시인

1959. 6월 전북 김제출생
원광디지털대학교 동양학과 졸업
현) 예섬공인중개사 대표
문학고을 신인문학상 수상
문학고을 등단 시 부문

너의 숨결 외2편

김영철

살아 가면서 외로운날에
살포시 마음에 들어와

깊은 마음의 빗장을 열며
숨결에 수놓은
너는

인생이고 운명에
행복되었고
살아있는 한 행복했다

마음 편지

풀잎이슬 살포시 내려앉은
모락모락 피어나는 아침에
싱그러움과 신선함으로

저녁노을 마중나온 하늘의
별님 달님의 찬란함으로

너에게 보낸다.

꽃봉오리 핀꽃 아름다운
향연 으로

사랑, 행복 담아
정성을 담은
편지를

이유理由

너의 미소로
나 살아 간다네

달콤한 아이스크림처럼
사르르 녹는 미소
나를 웃게 하네

삶의 원동력, 희망이 되어
나에게 돌아오네

기쁘다
너의 미소 볼 수 있음에

김영철 시인

글쓰기(시나리오, 시, 수필) 집필 중
서울사이버대 웹문예 창작과 4년 재학중
문학고을 문학상 수상
문학고을 등단 시 부문
현) 문학고을 자문위원

폭염주의 경보 외 2편

김옥희

햇살이 작살처럼 내리꽂히며
뜨거운 피 온몸을 휘감고
이글거리는 아스팔트 아지랑이
차들이 쏘는 염염한 열기
헉하고 숨이 멎는다

햇덩이 품고 있던 열기
독버섯처럼 퍼져가는데
실종된 바람 탓일까
수그러들지 못하는 열대야

반나로 저수지 수로에서
물장구치던 어린 시절 추억
태엽 거꾸로 돌리니 거기에
오아시스가 기다리고 있었다

운무

보슬비 보슬보슬
안개비 손짓하고
가비야운 운무 데려와
앞 산봉우리 온통 뒤덮네

날갯짓하던 박새 오간 데 없고
풀피리 같던 노랫소리
짝을 찾고 있겠지

꽃샘바람 햇빛 사이로 비켜 가니
버드나무 녹엽 옷 갈아입고
버들강아지 꽃 피우네

그리움 어리어 시나브로 물오르면
운무 속 모두 꿈에 젖는 계절

창호지 문에 핀 꽃

살갗을 파고드는 가을볕
이맘때쯤 떼어내는 문짝들
흠뻑 젖은 창호지
허물 벗고 뼈만 남는다

촘촘한 문창살 사이
고슴도치
묵은때 벗겨주고
갈바람에 매끈해진 문살
창호지 푸새 옷 입히면
뽀오얀 살결 살포시 웃는다

문고리 옆 꽃장식하고
한지 맞붙이면
햇빛 스며들 때
싱그럽게 피어나는 꽃
엄마 얼굴도 꽃처럼 피어난다

김옥희 시인 (필명: 아려)

수원여대, 신성대 외래교수 역임
수원아카데미 회원
시인마을 동인
수원문학학교 회원
문학인의집 동인
경기일보 게재
문학고을 신인문학상 수상
문학고을 등단 시 부문

나무 사이에 세우다 외 2편

김유리

바람과 꽃과 새
나무 사이를 점거했다

나의 기침 소리를 짚으며
너는 울었다
나는 너를 위로했다
꽃이 아프지 않다고
새도 아프지 않다고

나는 네가 아팠다
그 말을 못 했다

너는 내 것이 아니고
너를 앓을 수 없는데
가시 같은 너는
나의 통증이다

네가 나를 점거하기 전
너를 나무 사이에 세웠다
꽃처럼 새처럼
네가 아프지 않아야 한다

장작

아궁이에 장작을 더 넣었습니다
타닥타닥
불꽃이 커지면 따라오는 목소리
– 불이 세서 국이 다 졸겠다
엄마는 쪼개놓은 장작인지
불 앞을 떠나지 않네
불쏘시개는 내가 쥐었는데요

불쏘시개로 엄마를 아궁이 안쪽으로 밀어 넣습니다
더 안쪽으로
더 안쪽으로, 소리 나지 않게

엄마는 요새 자꾸 나를 보며 웃어요
–밥해 놨어, 먹고 가
–반찬 갖고 가, 굶지 말고 다녀
웃는 엄마는 나에게 없던 사람

달구어진 부지깽이로 살살 엄마 옆구리를 찔러
안으로 더 깊게 넣는다
웃으며,

- 아파, 아파
- 근데 밥은 먹었니?
- 장작 몇 개 빼라
- 국 짜진다.

붉은 아궁이는 하얗게 재가 되도록
밥 짓는 소리

다 타버린 까만 숯 한 덩이가 엄마를 닮았습니다.

접점

바람은 자정으로 직진하고
그을린 적도를
비가 식힌다

여름이 가도
또 다른 여름이 엉기는 곳
고향은 아득하고
심장 소리가 고독하니
빗소리 자지러져
나를 위로하렴

읽어내도 뜻을 알 수 없는 거리의 간판이
내가 앓는 병의 근원
나는 그들의 말을 못 하고
그들도 나를 읽지 못하여
눈이 마주칠 때마다
비릿하게 웃게 되는
접점들

빗물에 불어난 그리움은

삼단같이 어둠과 엉키고 흘러
우두커니 홀로 밤을 지키게 하는지

김유리 시인

문학고을 시 부문 등단 (2020년)
동서문학상 맥심상 수상(2020년)
공저 시집
『나는 길을 걷고, 사랑을 잃었다』
출간 (2021년)
문학고을 시선집 다수
프로젝트 공저 시집 '시퀀스 No.1' 참여 출간(2021년)
인스타그램 시 계정 운영 http://www.instagram.com/stay_think
현) 문학고을 말레이시아 지회장

그림자 두개 외 2편

김정은

햇빛 아래 두 그림자가 나란히 서 있습니다
하나는 넓은 날개를 펼치며
하늘을 가로지르려 하지만
다른 하나는 땅 위에 고요히 머물러
그림자의 끝을 지키고 있지요

산과 하늘과
요동과 고요
빛과 어둠
사색과 침묵

서로 닿을 듯 말 듯
그림자들은 춤을 추지만
그 발끝엔 언제나
얇은 실처럼 가느다란 선이 있습니다
바람이 불면 날아갈 것 같고
그 선을 넘으면 어디로 가야 할지 모르는
경계 없는 길 위에서
우리는 그 선을 따라갑니다
끝이 어디인지 알 수 없는

그 길 위에서

다시 돌아올 정적, 새벽

염원과 현실 성역사이에서 두세계가 만나는 교차점사이
새벽이 결국 빛을 향하듯 어둠보다는 온화함
내면의 평온을 음미해보지요

방랑자

안개자욱한 바다를 앞에두고
사색에 잠긴 방랑자

바위 절벽에 올라 간간이 보이는
산등성이와 부서진 파도가 빚어내는 장엄한 광경을 향해
서 있는 이름모를 굴러가는 돌맹이

변화무쌍하게 너울거리는 바다처럼 끊임없이 요동치는
삶속의 순간적으로 정지하고 웅장한 자연앞에 시선을 두
고 삶의 무게가 실어진 채 걸음을 멈춘 한 지팡이

꿈과 무의식의 세계와 기존 관습과의
낯선 시선속에서
자연의 숭고함과경이로움에 감복하고
그 거대함 앞에 때로는 고뇌하고 사색해 나아가는 해변가
에 버혀진 마른가지에 탐스럽게 피어나는 명상하는 장미
가 되리

보석호박

온도와 빛에따라 변하는 보석호박을
큰 창가 근처에 세워두었다

빛을 마주하면 열에의해 조금씩 조금씩
움직이는 보석호박

우리는
무엇일까
무엇인가?
답은 없지만 꾸준히
좋은 그림이 사진같고
좋은 사진을 두고 그림같고
서로를 탐하는 두 장르는
서로의 가지지 못한것을 탐한다

하지만,

숨어지지않는 없는 답을
꾸준히 탐구하고
모색하며,

환경의 맞추어 변화하고 빛날줄 알아
정체성과 경험이 시간과 공간을 초월해 변화할줄아는
보석호박

오늘은 또 어떤 새로운곳에서
또 다른 부스스한 머리와 화려한 발끝의
시간의 흐름을 바꾸어 향기를 이룩해보자

김정은 시인

숙명여자대학교 경역학부 졸업
숙명여자대학교 교육대학교 일반사회 졸업
성균관대학교 교육학과 박사과정 수료
문학고을 신인문학상 수상
문학고을 등단 시 부문
저서
문학 시선집 다수

기다림 외 2편

김창배

인생 제2막의 장이 열리던 경자년庚子年
축하와 격려하는 마음은 설렘의 시작이요
학창 시절 기차 여행을 떠나는 기분이더라.

긴 여행의 정착지 한밭이라는 낯선 곳
걱정하는 마음은 등 뒤로 잠시만 미루고
희망만을 담아 급행열차에 몸을 실었네.

낯선 곳에서 새로운 삶을 시작하는 나에게
건승健勝을 바라는 마음으로 보내온 난화분
행여 잘못될세라 애착愛着은 집착이 되었네.

처음 피고 진 꽃이 재 개화의 막연한 기다림
난석을 밀고 촉을 내민 생명의 줄기 하나
아뿔싸 꽃대로구나! 순간 잔잔한 파도가 밀려오네.

난꽃의 암술을 포근하게 감싸 안은 꽃받침
매혹적으로 단아하게 내밀고 있는 입술 꽃잎
화려함은 없어도 품격品格과 향기는 으뜸이라.

산고産苦의 아픔을 견뎌내고 밤새 꽃을 피워
삭막한 연구실을 가득 채운 깊고 그윽한 향기
기다림의 대가가 이렇게 큰 감동이 될 줄은 몰랐네.

상사화相思花

아침이슬도 마르지 않은 새벽녘
연분홍이 고와서 더욱 슬픈 꽃
그리움만 가슴에 품고 사는 꽃
얼마나 애달프면 상사화라 하였는가?

겨우내 비늘줄기 고이 싸매 봄을 기다리더니
슬픈 사연도 모르고 푸른 잎을 뽐내었구나!
기린 목에 예쁜 꽃다발을 걸어 주었건만
축제가 시작도 되기 전에 이미 말라 버렸네.

한 몸에서 잎이 피고 마르면 꽃은 따로 피어나
서로 만나지 못하고 꽃단장 화려해서 슬픈 꽃
그 길이 평행선의 길이라면 보기라도 할 텐데
그리움이 더할수록 목은 더 길어지는 것 같네.

잎이 든든한 보금자리 만들어 꽃대를 지탱하고
노랑 나팔 불며 수선화는 찬란한 봄을 노래하건만
사모하는 마음 깊어 갈수록 상사화는 더 화려하고
그 슬픔 떨치려고 외따로 잔인한 여름에 피었는가?

후미진 곳 상사화 몇 송이 피었을 뿐인데
꽃동산이 되고 밤을 지새운 연분홍 꽃잎 위에
오롯이 영롱한 이슬방울만 송올송올 맺혀 있네.
상사화 꽃 위로 아침햇살은 밝게 빛난다.

연리지 連理枝

양옆 커다란 나무를 사이에 두고
작은 나무가 자라고 있네.
언제부터인지 알 수 없지만

수 세월 이웃하여 살아오다가
이미 한 몸이 된 나무
얼마나 인연이 컸으면 하나 되었을까?

바람에 몸을 맡기고
유유자적 춤을 춰보자.
큰 가지와 부비부비도 하여보자.

두 나무는 서로 의지하고
비바람 모진 세월 견뎌내며
한 몸으로 더욱 단단하게 굳어졌구나!

결코 떨어지지 말자고
부둥켜안은 채 큰 옹이가 되었네.
꼭 같이 가야 할 운명처럼 살아 보세.

김창배(호, 竹山) 시인

우송대학교 교육원 원장 /교수
경성대학교 대학원 박사 수료
부산교통공사 교육원 교수
경성대학교 비전임 교수
문학고을 신인문학상 수상
문학고을 등단 시 부문

저녁 외 2편

김희숙

황혼이 들불처럼 타올라
청아한 하늘을 붉게 달구어
금구슬 은구슬 바다에 흩뿌린다

만종을 알리는 종소리 울리고
기도 드리면서 하루를 마감 하던
시골의 공소 옆 밭이랑 사이로
비껴서서 어머니의 기도 저문다

허기와 목마름을 한두레박물에 채우고
아궁이에 불지펴 감자밥 익어가는 냄새
쑥대 모깃불이 달과 별과 어둠을 실어오고
가족은 둘러앉아 사랑을 나누었다

혼밥

침묵을 집어 삼킨다
게슴츠레 희미한 눈동자
티브이에 고정 시키곤
쓰디쓴 입맛 다신다

그리움은 국에 말고
외로움은 김치에 감아올려
꾸역꾸역 목젖을 밀어넣는다
고픈 삶의 애증을 털어넣었다

그리고는 덤덤히 시를 쓰고있다
세상에서 가장 좋아하는 일이다

늙은 어미의 소망

붉은 심장이 퍼렇게 내려 앉는 일 없이
삶의 지평선 황혼에 노을빛이 아니더라도
잔잔한 미소처럼 살다가 떠난다면

모두를 위해 서운치않게 잠시 관심 속에서
가고 싶고 먹고싶고 보고싶은 배려 받고
긴 여로의 뒤안길을 큰 고통없이 간다면

이보다 더한 행복이 있을까
굴곡진 삶에 대한 보상이리라

김희숙 시인

1960 경기 안산 출생
요식업
문학고을 신인문학상 수상
문학고을 등단 시 부문
글벗 지기 자문위원
공저
문학고을 시선집 다수
문학고을 우수작가상 수상
현) 문학고을 경기지부 지부장

내 마음의 등불 외 2편

나중식

빛과 어둠이 오가는 삶
눈감았다 눈뜨면 한순간에 빛이 어둠일 때가 있다
일순, 어둠이 빛일 때가 있듯이

모든 것을 얻었다 환호하던 순간
누군가 집채만 한 몸집으로 나의 촛불을 가렸다.
순간 나는 빛을 잃었다. 눈을 부릅뜨고 심지를
올려보았으나 창해일속, 내 촛불은 타오르지 않았다.
아포리아의 순간 나는 나의 心志를 껐다.
순간, 내 마음에 등잔불 하나 켜지고
보이지 않던 길이 보였다. 내가 보였다
내 마음에 켜진 등불 하나

그대는 나의 생명이었다

모든 것을 잃었다 슬퍼하던 순간
누군가 시누대 회초리로 내 몸을 후려갈겼다.
양어깨에 떨어지는 단음의 죽비소리,
'짜악!' '번쩍'
순간 나는 하늘을 보았다 나의 범梵을 보았다.

칠흑 속에 껌뻑이고 있는 누렁소의 눈망울을
…… 그 시원의 눈동자를……
모든 것을 잃었다 포기했던 순간
내 마음에 켜진 등불 하나

그대는 나의 빛이었다

가물치

사랑하고 미워하며
숨을 쉬고 살아가는 우리네 사람들
가슴속에는 누구나 맑은 호수 하나씩 품고 산다

마시면 마실수록 샘솟는
울면 울수록 솟아나는 사랑의 샘
가끔 다람쥐 토끼 손잡고 나와 물 마시던
깊은 가슴 한구석 눈 깊은 곳
퍼내도 퍼내도 마르지 않는 내 호수에는 언제나
가재 붕어 개구리 버들치들이 살았다.

그해 늦가을,
하늘이 무너지고 풀벌레 유서를 쓰고 시를 읊으며
시도 때도 없이 사랑이 깨춤을 추더니
언제부터인가 호수가 터지고 땅이 말라버렸다.
반짝반짝 빛과 사랑을 노래하며
헤엄치고 살아가던 가·붕·개·버들치들도 사랑을 잃었다.
채워도 채워도 채워지지 않는
금이 쩍쩍 간 메마른 가슴 한구석, 여기
눈물샘이 마른 큰 가물치 한 마리

꺽 꺽 소리높여 울고 있다

벼랑 끝에 달린 박쥐처럼
어둠을 날아오르는 올빼미처럼
비장한 심정으로 하늘을 나르려 하고 있다

뛰어내리려 하고 있다

늦가을 오후: 황혼

잎 진 나뭇가지 사이로 어스름이 손짓하는 늦가을 오후, 길 잃은 生들이 트럭 바퀴 허리춤에 매달려 우당탕 비나리 살춤을 추다 실려 가고, 단발머리 여학생들, 살랑살랑 까르르 깔깔 떠들고 웃으며 집으로 가는 길, 각진 군모를 쓴 해병전우회 아저씨들이 휙 휙 막힌 生의 물꼬를 트고 있는 삼각지 공원 로터리, 등 굽은 한 노인이 길모퉁이 등 굽은 벤치에 앉아 누군가를 기다린다

누군가는 오지 않고 막차는 가버리고…… 가는 설렘도 튀는 흥분도 아무도 아무것도 오지 않는…… 타다 남은 노을만 존재를 잃고 '이제가면 언제오나?' 구비구비 버티고 있는 황혼의 거리, 곳집의 넋바람이 버선발로 노인의 손목을 꼭 잡고 '집으로 갈까요? 산으로 갈까요?' 길을 묻고 있는 늦가을 오후, 집으로 가는 길, 주인 잃은 똥개 한 마리 꼬리 내리고 킁킁 그날의 크레졸 냄새를 맡고 있다

生은 긴 흔적을 남기지 못하고, 황혼은 바람을 이기지 못하고……

나중식 시인

전 경성대학교 총장
경성대학교 명예교수
영남대학교 행정학 박사
경성대학교 법정대학 학장
문학고을 신인문학상 수상
문학고을 등단 시 부문
제3회 청목문학상 (작가대상)수상
현) 문학고을 수석고문
jsnahh@naver.com

외국에서 이사 왔다 외 2편

남상열

검붉은 옷을 입은 난
긴 시간을 피곤하게 날아와
환영하는 소리에 기분이 좋다

복잡한 도시에 서성임
많은 사람들의 바쁜 손
가끔은 밀쳐져 검은 눈물 뚝뚝

때론 조용한 풍경 속에 스며
가득히 채워지는 나의 체취
여유로운 시간에 동화도 된다

온유한 사랑
코밑 들숨에 밀착
분홍빛 입술에 촉감

날 사랑하는 너
네 안에 부드럽게 녹아
내 향기로 채우는 너

카페인의 반짝임
아메리카노 한 잔의 행복
나의 깔끔함에 중독된 사람들

청춘 일기

초록의 솜털 보송보송
이파리 뒤로 꼭꼭 숨었다
맑은 햇살과 비바람
아침이슬 촉촉이 젖어
며칠을 숨어 들키지 않았다
그렇게 싱그럽던 너
빛 바래 노랗게 늙었고
잎사귀 바람에 펄럭펄럭
눈멀었던 내 시야에 들어와
술래가 되었다

오! 숨었었네
널 잡아먹으면
맛있겠는걸…

누런 겉옷 쓰윽 벗기니
푸른 속살에 튼실한 나체
풍겨오는 상큼한 향수
곱게 가지런히 변신한 너
소금물 벌컥 먹인 후

붉은 화장시켜
여름 밥상 위에 우뚝 세웠다
더위 먹은 쓴 입맛
상큼하게 아삭아삭
오이생채로 태어났다

가을은 어디에

입추야 어디 갔니?
뜨거운 태양 손잡고
말복이 놓아주질 않아
못 들은 채 귀 막고 있다
내 창문은 붙박이
달궈진 열기 뜨거워
호흡까지 끈적거린다
유리 너머 가림막 없는 대기
열기는 쉴 새 없이 전기를 먹고
토해내는 고지서는 과부하 걸린다
태양과 맞선 나무숲
그들이 숭고하게
버티고 있음이 안쓰럽다
빛을 잃은 어두운 밤
아직도 입추는 대답이 없다
이불은 그림처럼 구석에 앉았고
침대가 훌훌 벗고 길게 누워있다

남상열 시인

57년 경기 용인 출생
문학고을 신인 문학상 수상
문학고을 등단 시 부문
문학고을 선집 3,4,5,6,8 공저
문학고을 자문위원
문학고을 공동리더

윤슬 외 2편

노은진

당신이었던 것들이
바다 위로 흩뿌려지며 스러져갑니다
당신이었던 것들이
바다 위에서 서러웁게도 반짝거립니다
바다가 아름다운 이유는
분명 당신 때문이겠지요

당신이었던 것들이
한 줌 한 줌 제 손과 작별합니다
당신이었던 것들에게
고엽같은 원망을 자백합니다
손을 놓는 이 찰나의 순간이
영겁처럼 뇌리에 박혀
사는 내내 회귀되겠지요

당신이었던 어제의
지독히 긴 밤이 제 혀로 옮겨온 듯 합니다
당신이었을 내일이
멸렬한 제 혀끝에 남아 끝내 묵념합니다
그럼에도 바다가 아름다운 이유는
분명 당신 때문이겠지요

가로등 불빛

가을의 끝자락
파고드는 찬바람
가로등 아래 홀로 선
단풍나무 한 그루

고담한 나뭇가지에
고고히 달린 잎 하나
겨울이 코앞이라는데

가로등 불빛 바로 아래
고고히 달린 잎 하나
아,
저 미약한 온기도 온기라고

4월에 태어난 진눈깨비

소복하게도 쌓인 하얀 눈
사뿐사뿐
뽀드득뽀드득
참새처럼 걷는 사람들
어느 봄날의 꿈

4월에 태어난 그에게는
붙여지지 못할 이름들
눈, 함박눈, 첫눈
그의 이름은 진눈깨비

눈인듯 비인듯 빈약한 눈
질척질척
철퍼덕철퍼덕
진흙처럼 뒤섞인 발걸음
현실은 회색일 뿐

눈인지 비인지 알 수 없는
이름을 가졌어도
온통 새하얀 세상을 만드려다

결국 망치더라도

길을 잃고 멈춰선 곳도
여전히 길이기를
의미를 잃은 삶도
여전히 삶이기를

노은진 시인

부산 출생
전문 커피 바리스타
문학고을 신인문학상 수상
문학고을 등단 시 부문

화엄사 풍경소리 외 2편

민원기

산등성 품어 안은 침묵 속
처마 밑 청량한 풍경소리
꽃구름 탄 둥실 바람
노래하는 숲새 친구들
무량한 복을 누린다

마음자리 고요한 숲속
평안한 고승의 불경소리
사유의 영혼,
어떤 욕망도 힘을 잃는 시간
그 완벽한 순간에 자신을 내맡겼다

부처의 행修行을 하는 도량
앉아 있는 그 자리가 깨달음의
장소인가
집착 없이 살아 숨 쉬는 것에
감사의 마음을 낸다

참마음으로 님의 가르침
진리에 눈 띄워

마음속 지혜 찾기
두 손 모아 발심한다
인연 따라…

월계수의 틀

그대가 겪고 세상이 함께 한
수많은 역사의 사건들
그 긴 여정이 당신의 세상을 만든 것

걷고 걸어도 끝나지 않는
세상 유영하고
고통도 아픔도 슬픔도 없이
그저 보라색 천을 몸에 휘감고
춤을 출 뿐

끝이 없어 무한히 고통스러운
것이 아니라
인생이라는 여정을 위로하는
평안한 곳

이젠 겸손으로 평온을
만끽할 시기
지난 서러운 몸짓 모두
내려놓고
세상을 바라본다

뫼비우스의 띠를 두른 그대
월계수의 틀로 새로운 날개를 펴리라

어리석은 빌런Villain

상식을 넘는 폭주
독설과 고함 싸움닭 같은 막말
어쩌다 완장 찬 소아小兒가
칼을 휘두르고 싶어 안달 난 모습
유치하고 치졸한 탐권낙세貪權樂勢*

참과 거짓을 수시로 바꾸는 그들
말이 아닌 배설물
망언妄言의 홍수에 휩싸인 현실

세월이 흘러도 변함없는
그들만 옳다는 정의의 독점
가치보다 눈앞 권력 쫓는 중독자들

유머와 위트가 양념으로 섞인 말
함께, 모두의 미래로 가 아쉽다

---

* 탐권낙세(貪權樂勢):권세를 탐하고 세도 부리기를 즐기다.

민원기 시인

부산 출생
MBTI-ISTJ
전) 한샘학원 대표원장 (입시/보습학원)
전) 여행사 대표
현) KIPA 한국심리적성연구소장 (심리상담사 1급)
현) 한국예술인 복지재단 예술인 작가
저서 수필집 〈삶과 인연에 감사하며〉 출간
문학고을 신인 문학상 수상
문학고을 등단 시 부문
문학고을 우수작가상 수상
문학고을 고문 위원, 문단 발전 위원장
공저:문학고을 시선집 제12집 겨울, 제13집 봄, 제14집 여름
E-mail : kor21cy@hanmail.net

프레임 외 2편

방동현

밤마다 올가미로 죄어오는 숨 가쁨

언제부터였나
안개비로 젖어온 관념어에 잡혀
망망대해로 뻗는 엇갈린 길
밤을 태운 잿덩이
유골을 강에 풀어놓듯 흘려버린 날부터일까

온 세상이 맑게 다가오는 유년
해와 달이 전하는 빛, 어스름의 베일,
새벽과 해 질 녘이 알려주던 고요
찬란을 열고 잡풀 솎아낸 밭에 심어

깃을 모아 탈피 한
창공, 바다, 햇무리, 달무리에 노니는
바람이 읊는 선율이고 싶다

새뜻하게 차려입고 기다릴 사람아
너를 향한 세상이 옅은 구름 드리우는 1차 언어 안이라면
발은 늪속의 돌이 되어 징검다리가 된다

능소화

이슬 단장한 책가방, 양갈래 풀꽃
오고 가는 돌담장에 앉아
마주친 눈인사 만인데

꽃잎 몇 장 까치발로 손에 쥐며
흘린 숨이
귓가에 스쳤을 뿐인데

보이지 않는 날에는
달을 들고
어둠 묻어오는 마을 어귀에서 서성인다

그녀가 걷던 살피꽃밭*길 햇살이 피고 지고
담장 굽어보는 키만큼 다복다복한 꽃송이
하릴없이 하나 둘 땅에 누울 때
발밑이 세상인 지팡이 꽃할미
꽃길에 앉았다 가면

미련을 사르지 못한 그가
재워도 멋대로 커진

노란빛 붉은 눈시울
해거름 녘 하늘에 걸어놓는다

---

* 살피꽃밭: 건물, 담 밑, 도로 따위의 경계선을 따라 좁고 길게 만든 꽃밭

폐기물

폭우가 휩쓸고 간 7월 새벽은
간간이 고막을 틀어막는
앰뷸런스 외마디는 들리지 않는다

미동의 공기가 안개로 스미는 이 골목, 저 골목
널브러진 비를 깔고
파리한 안색이 웅크려 있다

어느 노인의 힘이 빠져나간 지팡이
아이의 때가 묻은 장난감
가사의 한숨이 도배된 주방용품
살림이 쉰내 난다 내쳐진 가재

한때, 집안 구석구석 피는 빛이었는데
손길이 잦아질수록 시들어
밝기가 하강곡선이다

빛이 바닥을 보일 때
꼬리표가 붙어 줄을 세운 골목에
물에 젖은 가구들이 나앉아 있다

방동현 시인

1962년생. 서울 은평 거주
충남대 국어국문학과 졸업
공직 1992~2022
직무관련 표창
서울시 시장상 2회, 보건복지부 장관상 2회
대통령 표창 1회
2022. 문학고을 신인 문학상 수상
문학고을 등단 시부문
2024 제 3회 청목문학상(작가대상)수상
2024 신춘문예 제14회 샘문문학
특별 창작상 부문 당선
2023. 첫 시집 『그대가 꾸는 꿈』 출간

사랑니 외 2편

방성욱

아플 때만 기억하며 늘 함께한 고마움을 잊었네요
새벽녘 밝은 음성에 내 마음속 당신의 자리를 다시 찾아갑니다.
사랑니 같은 사람

고통받고 괴로울 땐 뽑고도 싶었는데 어느새 그 뿌리가 내 심장에 닿아 있네요
손 내밀어 잡고 싶고, 귀 기울여 듣고 싶은 소중한 추억 속에 인연
사랑니 같은 사람

시나브로 젖어 드는 그 추억을 되뇌며
오늘도 혀끝으로 그 사랑을 더듬어 봅니다
늘 함께하며 잃기 싫은 사랑니 같은 사람아

새로운 시작

새벽의 여명이 길을 밝히고
설레는 마음속 불꽃이 타오르네
지나는 바람이 두려움을 속삭여도
용기라는 깃발을 높이 들어

어두운 그림자 뒤로 물러서고
미지의 길을 향해 발걸음을 옮기네
결과는 알 수 없으나
도전이란 이름 아래

인생의 바다에 돛을 올리고
두려움 없는 항해를 시작하리
미래의 희망 가슴속에 품고'
고난 속에서 빛을 찾으리

새로운 시작 희망의 노래로
내일을 향한 꿈을 꾸는 우리들
운명이란 파도를 헤치며
영원히 빛날 내일을 맞이하리

지우개

햇살 맞은 푸른 숲
밤안개 꼬리 감추듯
슬픈 가슴 아픈 상처를 서둘러 지우리라

너 잠시 머물다 간 자리
민들레 홀씨 되어 흩날리지만

뿌리내릴 사랑 찾는 비행은
바람 따라 정처 없어라

너무도 보고 파 미워지는 마음은
술 한잔에 가득 담아 심장으로 밀치고

흑연으로 그려진 지난 추억을
하얀 지우개로 지워본다 하염없이

방성욱 시인

경남 마산 출생
1997년 신세계백화점 공채 입사
전자랜드 용산본사 구매부 근무
문화예술경영학 학사
현)PT. SSANGYONG INDONESIA 대표이사
제3회 적도문학상 시 부문 최우수상 (주 인니 한국대사상) 수상
문학고을 신인 문학상 수상
문학고을 등단 시 부문
현) 문학고을 인도네시아 지회장

k-나무 외2편

배상록

사지육신 멀쩡한 나는 k-나무다
원래, 뼈대 있는 집안이라
인의예지신이란 신발을 신고 찬란한 전통을 지켜왔는데
누가 내게, 양손 들고 외발로 서있어라 했나
그나마 갓을 쓰지 않아 다행이긴 해도, 이미
한 가지는 불구죽죽하고
또 한 가지는 붉으락푸르락하다
일전에는 오물풍선까지 날아와 걸리는 바람에
이건 체면이랄 수조차도 없게 되었는데
멀쩡한 두 다리를 두고, 왜
외발로 서 있어라 하나
멀쩡한 두 손을 두고, 왜
치켜들고 서있어라 하나
정의란, 염치란, 체통이란
어느 음습한 곳에 처박아둔 성인군자란 말인가
건강하고 우람하게 키우면 어디가 어때서
도끼를 들이대고 찍으려고만 하는가
정녕, 그것이 그대의 바람이라면
나를 찍어다오
나도 그 한 표 받아
정의도, 염치도, 체신머리도 없는 k-의원이고 싶다

읍궁암*

하늘빛 아래
산 빛
돌 빛 아래
물빛
처연하다

임 가셨는데
꿈조차 깨어져
활처럼 굽어
활처럼 허리 굽혀 울었어라

물은 모이고
빛은 흩어져
그림자 구름 띄워
시름을 달래지만

어이할거나
비례非禮면 부동不動인 것을

---

* 읍궁암: 충북 괴산군에 있는 화양구곡 중 제3곡이다. 우암 송시열은 제자였으며 북벌정책을 함께 추진하던 효종임금이 승하하자 매일 새벽마다 이 바위에 올라 통곡하였다 한다. 후일 사람들은 이 바위를 읍궁암이라 부른다.

어이할거나
구곡간장 다 녹는 것을
화양아 흘러라
나를 안고 흘러라

개견공화국

요즘 우리는
하니스 개가슴줄을 10만 원에 사고
에르메스 개모차를 100만 원에 사고
비까 번쩍 개소파를 50만 원에 사노라

거리에서
유모차보다 개모차를 자주 만나는 것은
개같이 벌어 개한테만 쓴다는
가정견살림회계준칙에 따라
인산견해人山犬海의 기쁨을 만끽하노라

모름지기 견공에게
좌청룡우백호의 선산을 마련해 주고
홍동백서 조율이시를 마르고 닳도록 가르쳐
자식보다 자식다운 자식으로 키워
이 땅이 모름지기 견공의 낙원임을 믿게 하노라

이에 우리는
견공의, 견공에 의한, 견공을 위한 정책은 물론
견공의 엥겔계수를 범국가적으로 낮추고

관련 인프라를 조기에 구축함으로써
견공복지국가 건설에 앞장설 것을 다짐하노라

배상록 시인

상주시 및 서울소방재난본부 근무
녹조근정훈장 수훈
문학고을 및 한국시서울문학회 시 부문 등단
공무원연금문학회 편집국장(現)
이메일 : yahrisu4108@naver.com

새벽시장 외 2편

신기순

어둠 가시기 전 원주 천
밤잠 못 자고 다듬어 온
채소와 과일
접은 박스 위 가지런히
올려놓고

갈라지고 흙 묻은
거칠어진 손으로
파뿌리 열무 다듬으며

반가이 손님과 웃음으로
농사일 설명하고
따뜻한 커피
김이 나는 순두부로
서로 정을 나누면서

고달픈 인생사도
뜨거운 태양열도
다 녹여주는
동트기 전 새벽시장

소나기

천둥 번개 무섭게 소리치니
구름도 화들짝 놀라
하늘 쳐다보며 우왕좌왕

폭포수 눈물 쏟아 내려
뒤늦게 핀 장미꽃 잎
힘없이 고개 숙여
참아 달라 애원해도

성난 소나기는
여린 강아지풀마저
용서 못 해 길게 눕히고
줄기차게 퍼붓고 있다

참새 아파트

아파트 앞 화단 단풍나무
어둑 어둑해 질 녘
삼삼오오 날아드는
참새들 귀가시간

고달픈 하루 일과
서로를 위로하며
103호 참새 순이네 집
704호 참새 철수네 집
오십여 마리 참새들 수다
조잘조잘 짹 짹 짹 짹

아파트 칠층
나의 거실까지 들리는 합창
두어 시간 회의 끝나
순식간 조용해진 엄격한 취침시간

고요한 미풍에 흔들리는
아직은 녹색 단풍잎
한여름 밤 단풍나무 참새 아파트

신기순 시인, 수필가

한국방통대 가정학과 졸업
한국방통대 행정학과 졸업
MBC 여성시대 2회 당선
고양시 백석동
바르게 살기 협의회장
원주여성문학인회 회원
문학고을 신인문학상 수상
문학고을 등단 시 부문
문학고을 등단 수필 부문
(2024년 제65회 1차 공모)
문학고을 최우수작가상 수상
청목문학상 (작가대상) 수상
전) 문학고을 강원지부장
현) 문학고을 부회장

그는 가을 외 2편

안귀숙

꽃향기는 마파람 타고
서성대는 모습에
바람이 유혹誘惑 한다

살랑살랑 바람이
가을 기슭에 서성이더니

어둠을 틈타
한 발짝 더 바짝 다가섰다

욕심慾心을 버리고
스쳐가는 바람에서도
고마움을 느끼고

그대가 있기에
마땅히 더위는 누그러 질거다

집착執着을 버리니
애타게 기다림도 그리움이

길가에 피어나는 이름 모를 꽃도
님에게 사랑으로 느껴질 것입니다

말 한마디 없는데도
온누리 녹음방초까지

늪 속으로 그 눈길은
윙윙 날아다니는 고추잠자리

또 하나의 도가니 속으로
빠져 들어가는 그는 가을입니다

별리 別離

누구나 이별은 가슴 아픕니다
서산을 바라보며 붉은 눈시울이

가까웠던
지인과 이별했습니다

둘 곳 없는 마음 가눌 수 없는
마음속에 별이 되어 살고 있습니다

그 별은 때로는
마음 안경의 티끌이 되어
세상을 보게 합니다

누군가에게
안경을 닦아 달라고 하기엔
사람들과 너무나 멀리 와 있는지도
모르겠다

오늘도 작은 꿈을 꿉니다
구구만 리 마음속 별이 더욱더

아름답고 밝게 빛나길

그리고 별이 이제는 그만 사라지기를…

가을인가

가을바람이
여름도 가기 전에
혼자 조급한가 보다

슬쩍 와서
옆구리 쿡 찌르며
보고 싶다고 하네

몰래 다가선 그대
너무 가까이 와닿아
깜짝 놀랐다

준비되지 않은 마음
잠시나마 싱숭생숭하다

그렇게 순간을 머물다
내려앉으면 더 서글프다
어찌하려고…

감당도 못하면서

공기든 풀빵처럼
부풀리기만 하는 그대

마음에 살짝 노크하며
외롭게 다가서면

또 속아 인도주의적으로
꽉 안을지도 모른다

살갗에 느낌만 스칠 뿐인데
마음은 성큼 곁에 온 듯
어수선 해진다

새벽녘에 살짝 왔다
말없이 가버리는 그대 무척 야속하다

안귀숙 시인

59년 안동 출생
솔농장 대표
제9회 희망봉광장 등단 시 부문
문학고을 신인문학상 수상
문학고을 우수작가상 수상
문학고을 고문
공저
문학고을 시선집 외 다수

잊혀진 향기 외 2편

오금석

눈을 들어 밖을 내다보니
어제는 사라지고 빈 것 만이 보였네

사랑은 저만치 떨어져 서성이고
마음은 텅 빈 항아리 마냥 하늘에 걸려 있네

그리움도 설렘도 없이 밤이 오고
밤하늘 별이 구름 속에 헤매는데
얼굴은 검 버섯처럼 드리워져 있네

시들고 해를 넘김 장미에서도 향기는 나고
사랑과 미움의 슬픈 향기에
잊혀진 어제의 슬픈 향기가 다시 돌아오네

저녁 기도 II

태양은 붉은 호수를 걸어놓고
하루가 저무는 평화로운 저녁입니다.
오늘은 좀 힘들고 긴 하루였습니다

짜증 나게 하는 일도
화나게 하는 일도 많았습니다.
하지만 사랑하는 가족과 함께하는
즐거움에 쉽게 잊고자 합니다.

제 주위에
모든 사물들이 밤의 어둠 속으로
잠드는 이 시간에
나 자신 앞에 지친 삶을
모두 안고 있습니다.

엄마 품에 고요히 안겨 있는
아이처럼
두려움과 걱정을 벗어버리게 하소서

전쟁 난민의 고통
부제 - 팔레스타인 난민

창가에 상처가
서리처럼 붙어 있다
고통스러운 눈물이 고드름처럼 내려져 있다

하루하루 삶 속에
솟아지는 고통이
심장 깊이 자리 잡는다

가슴과 심장 속에
파고드는 칼날 같은 아픔이
오늘도 떠나지 않는다

슬픔의 홍수로
눈이 하늘로 응시한다

고통스러운 상처 고착화로
헤매는 밤이
새벽이 오기를 기다린다.

전쟁 없는 아침을 빌며
기도 속에 눈을 감는다

오금석 (Daniel Oh) 시인

광주 카톨릭 신학 대학 졸업, 덴버 St. Thomas 신학 대학원 졸업
University of Colorado at Denver 회계학 전공, 현 Goldstone Commercial & Investments 사장, 현 Piney Creek Metropolitan District Centennial시 회장
Colorado 주지사 아시안 자문 회장 3번 연임, 미 하원 아시안 자문위원 코로라도 10년, Denver Mayor Asian Advisory Council 10년 연임
American Cancer Society - Event 공동 회장
Human Relationship Commissioner of Aurora 시 부회장
3.1 유네스코 덴버 지회장 & Aurora 시 유관순 날 공식 선포
아시안 정치 단체(Asian Round Table) 창립
아시안 영화제/ Aurora Asian Pacific Community Partnership 창립
민주 평통 덴버 지회/협의회 회장 3번 연임, 아시안 영화제/아시안 공동체 모임 창립, 민주 평통 덴버 협의회 회장 2번 연임, 미주 상공회 부회장 & 부이사장
세계 무역인 협회 상임 이사 & 덴버 회장, 문학고을 신인문학상 수상, 문학고을 등단 시 부문, 현) 문학고을 수석고문 및 콜로라도 지회장
대한민국 공헌 대상 봉사 대상, 아시안 영웅 상- 코로라도 마틴 루터 킹 인권상
3.1 운동 유네스코 공로상, 마틴 루터 킹 인권상, 아시안 영웅 상- 코로라도
대한 민국 대통령 공로상, 코로라도 주 지사 공로상

힐링시간 외 2편

오향숙

더 높은 하늘아래
우뚝 솟은 철탑들

가지런히 서서
정연히 늘어진 전선줄

야무지게 감싸고
살아 숨쉬는 숨결

도심과 도심을 잇는
네트워크 에너지

시원한 창가에 앉아
뜨거운 열기속 여름을 즐기며

터널을 빠져나가는 이 순간
녹색의 향연에 희열이 가득하다.

밤 하늘

둥근 달이 걸려있네
엄마 닮은 달
내 품에 안고 싶다
그 품에 안기고 싶다

어쩌다가 사랑을 얻지 못해
말문이 막혀
언저리에 맴돌다가
밤 하늘에 젖어든 서러움

가냘픈 어깨위에
삶의 지게를 지고
선한 눈에 숨겨진 우수
오늘은 밝게 웃고 계신다.

이 순간

파란 하늘 보며
흘러가는 구름 바래며
살랑이는 바람 잡아보며
야생화에게 감사하며
여물어 가는 씨앗에 감탄하네

외로워도 견디리
슬퍼도 용기 잃지 않으리
그늘에서 피는 꽃도 있으니
내게도 희망은 찾아오리니

송글송글 땀 방울 맺히고
불볕 더위 몰아쳐도
담쟁이는 손 잡고 행진하여
높은 담벼락 그늘로 장식하니
쾌적한 바람아 멈추어 간다.

오향숙 시인

시학과시 정회원
충남 아산 1971년생
시학과시 신인문학상
프랑스파리아트컬랙션
시부문 우수상 수상

금계화 들판에 서서 외 2편

윤나영

바람이 일으킨 물결에
은밀히 퍼지는 풀 내음
서서히 일렁이는 전율
노란 파도가 친다

행복은 품고
행운을 기다리는 클로버 사이를
가볍게 내딛는 걸음
파도의 중심에 닿는다

구경 나온 개망초와
서둘러 눈을 뜬 코스모스가
파도의 색을 더하면
빛나는 윤슬이 모두를 품는다

여름의 끝자락
금빛 파도에 몸을 맡기고
나는 들판에 서서히 잠긴다

밤을 걷는다

그림자마저 스며드는
칠흑 같은 어둠

쏟아지는 별 무리
두 손을 뻗어봐도
잡힐 듯
잡히지 않는
당신의 밤

깊어질수록 선명해지는
별빛을 따라가면
만날 수 있을까

밤을 걷는다
당신의 밤에 닿기 위해
나의 밤을 걷는다

거짓말

잘 지내?
응, 난 잘 지내.
궁금해하지 않는 질문에
뻔한 대답을 내뱉는다

너도 잘 지내?
궁금하지 않은 질문을 돌려주며
의미 없는 대답을 흘려듣는다

진실을 말해줄까?
이것도 거짓말

무의미한 대화 속
서로의 눈은 웃고 있지만
오가는 말속에 숨겨둔 떨림

다음에 한 번 보자
마지막까지 거짓된 인사
서로의 길로 몸을 돌린다

잠깐의 진심도
거짓 속에 잊혀져간다

윤나영 시인

경남 창원 출생. 현재 미국 거주
공예 강사, 프리랜서 작가
문학고을 신인문학상 수상
문학고을 시부문 등단

봄 떠나던 날 밤 외 2편

이동일

봄 떠나던 날 밤
별빛은 구름에 가리웠고
달은 국경을 넘어 이역만리를 달리었다
휘파람새소리 스산하게 깔리는데
뻐꾸기 쉴 새 없이 짖더라

세상모르는 철부지는
작디작은 이기심에 날뛰는데
무심하려 해도 편승해 버리는
나 역시 다르다 할 수는 없어
짧은 밤 술래잡기만 하다
허비해 버리니 안타깝기만 하다

흘러 들어온 개는
터 잡더니 떠날 줄 모르고
사람 손에 길들여진 날이
철부지보단 길어
덩치도 모른 체 대장질을 한다
겁이 많아 으름장을 놓아야
밤 산책이라도 나설 수 있으니

그 심정 오죽할까

밤은 깊어가 메
개구리 우는 소리 더해가고
저 들 밖 개 짖는 소리에
호응하는 심사가 아니꼬운데도
어느새 컴컴한 창밖이 눈에 익더라
봄 떠나던 날 밤은
늘 이러했었던가

시는 소설이 될 수 있을까

숯쟁이 아버지의 손은
아들의 마음을 아프게 한다

아들의 차가운 손이
아버지를 눈물 흘리게 한다

젊어 나무를 지게
풀을 베어서 지게

저잣거리 하룻밤의 연분이
삶의 전부를 얻게 하였다

고이고이 마음으로 키운 아버지는
날마다 희망을 안고 숯가마를 지폈었다

무뚝뚝한 입이 뭉뚝한 손이
숯가마의 불이 꺼진 날 더 도드라졌다

그는 더 이상 숯쟁이가 아니다
아들이 떠난 날에 목놓아 슬피 울던 날에

시설의 L 군

오늘 하루가 남긴 잔상을 정리하며
속절없이 울어대는 소쩍새를 탓하다
잠 못 이루는 이의 땅을 지나면서도
쉼 없이 달리는 기차의 부지런함과
지나 간 비구름을 쫓는 세찬 바람마저도
약에 취해 몸조차 가누지 못하는 이의
허망한 웃음에는 끼어들지 못했다

분명 그 웃음은 내가 아는 것이었다
그는 욕구만이 남았던 것이다
그것만이 존재의 증명이었다
그의 주먹에 쓰러진 이들의 아픔은
그가 느끼는 고통에 비하면 부질없는 것
그의 중얼거림은 소쩍새의 울음을 먹고도 남음이 있으며
수시로 바뀌는 그의 눈빛엔 인간의 군상이 있었고
그의 미친 듯한 춤사위는 떠올려진 옛 기억의 아픈 승화였을 것이며
비릿하게 젖은 이부자리는 회한의 눈물보단 꿈의 대가였을 것이다
그의 존재는 두려움이었으며 외면하고자 했을 현실이었다

사람은 동질성이 있다
그렇기에 '개 팔자가 상팔자'라는 말을 안위의 주문으로
외워댔던 것이다
인간의 존엄이 있기에 그는 여기에 있다
그가 있기에 그가 남긴 잔상은
영겁 속에 달리한데도
결국 인간이기에 풀어야 할 과제일지 모른다

이동일 시인

경북 의성군 출생
계명대학교 일반대학원 사회복지학 석사 졸업
(前) 대구시민재단 사무국장
(前) 대구 중구 지역사회보장협의체 실무위원
(現) (사)한국지적발달장애인복지협회
영천시지부 근무
문학고을 신인문학상 수상
문학고을 등단 시 부문

인생의 여정 외2편

이문학

인생의 여정은 길고 구불구불한 길
저 멀리 펼쳐져 있어
언제나 새로운 길을 향해 나아가
그 길은 항상 아름다워

그 길 위에는 기쁨과 슬픔이 공존해
행복과 불행이 번갈아 가며 찾아와
하지만 그 모든 순간들이
우리의 인생을 만들어가는 것 같아

높은 산을 오르고, 넓은 바다를 건너
인생의 여정은 언제나 도전이야
하지만 그 도전이 우리를 성장시키고
새로운 경험을 선사해

인생의 여정은 언제나 불확실해
예상치 못한 일들이 우리를 놀라게 해
하지만 그 불확실성이 우리를 흥미롭게 만들고
인생을 더욱 흥미롭게 만들어

인생의 여정은 언제나 끝이 있어
그 끝은 우리가 알 수 없어
하지만 그 끝이 우리를 불안하게 만들기도 하지만
그 끝이 우리를 더 열심히 살게 만들어

인생의 여정은 언제나 아름다워
그 여정은 우리가 만들어가는 거야
우리의 노력과 열정으로
인생의 여정을 더욱 아름답게 만들어가자

인생의 여정은 언제나 소중해
그 여정은 우리가 살아가는 이유야
우리의 인생은 한 번뿐이니까
그 인생을 최대한 살아가자

자아의 탐구

자아를 찾아 떠나는 길은
끝없이 이어지는 여행이다
내면의 깊은 곳에서
나의 진정한 모습을 찾아

자아를 찾아가는 여정은
어려운 길이다
수많은 선택과 결정
그리고 실패와 성공이 우리를 기다리고 있다

하지만 그 여정은
가치 있는 것이다
자아가 성장하고 발전하는 것을 느끼며
우리는 더 나은 사람이 되어간다

자아의 탐구는
끝없는 탐구이다
우리는 항상 새로운 것을 배우고
새로운 경험을 하며
자신을 발전시켜야 한다

자아를 찾아가는 여정은
우리의 인생에서 가장 중요한 여행이다
그 여정을 통해 우리는
자신의 가치와 의미를 발견할 수 있다

자아의 탐구는
우리의 인생에서 가장 아름다운 여행이다
그 여정을 통해 우리는
자신의 내면을 탐구하고
자신의 가치를 발견할 수 있다

상상력의 나래

상상력의 나래를 펴고
하늘을 날아다니는 그 순간
세상은 무한한 가능성으로 가득 차
마음은 자유롭게 펼쳐져

상상력은 우리를 새로운 세계로 인도해
끝없이 펼쳐진 미지의 영역으로
그곳에서는 모든 것이 가능하고
무한한 창조력이 우리를 감싸안아

상상력은 우리의 마음을 자유롭게 하고
새로운 아이디어를 탄생시켜
무한한 가능성을 열어줘
세상을 변화시키는 힘도 상상력에서 비롯돼

상상력은 우리의 삶을 더욱 풍요롭게 만들어
새로운 경험과 모험을 선사하며
우리를 더 나은 인간으로 성장시켜
상상력은 우리의 삶에 나래를 달아줘

상상력의 나래를 펴고

하늘을 날아다니는 그 순간
우리는 무한한 가능성의 세계로 떠나
새로운 아이디어와 창조력을 만나

상상력은 우리의 삶을 더욱 풍요롭게 만들어
새로운 경험과 모험을 선사하며
우리를 더 나은 인간으로 성장시켜
상상력은 우리의 삶에 나래를 달아줘

이문학 시인

경상북도 봉화군 춘양면에서 출생 춘양상업고등학교 경북전문대 행정학과 한국방통대행정학과를 졸업. 그 후, 당시 경상북도 4급 공무원 (41년근무) 퇴직
〈수상〉
전국 향토문화공모전 우수상
전국 한자 교육 진흥을 위한 글
공모전 우수상
전국 독도사랑 작품공모전
최우수 의병상
민족통일중앙협의회
통일 문예 제전 우수상
서해해양경찰청 환경 보전
시 공모전 우수상
국민행복 문학 수필부문 신인상
여울문학 수필부 부문 대상
〈저서〉
논문-경북 봉화 청량산에 대한 역사적 고찰, 시집으로 한행문학(삼행시),
행시 속에 숨 쉬는 님,
하늘에 보내는 편지(공저)
문학고을 신인문학상 수상
문학고을 등단 시 부문

달개비아재비 종이꽃 외 2편

이영화

성품이 곧았던 여인은
산소에 들렀다 오는 길이다

둑방길 사이 강의 흉상
머리칼부터 풀어헤치는 투명한 눈물길
서로의 손을 향해 달려가다 미끄러지는
가슴골의 오르내림은 강의 숨골

머리에 달개비 꽃을 꽂아 달라 조르던
너무 사나워 예뻤던 계집
가슴팍에 미나리아재비 꽃을 숨겨 온
너무 영민하여 물풀 같았던 계집
닳고 닳은 노래 다발을 하나씩 꺼내며
떨고 있는 나목을 위로해 주던
미나리아재비 달개비 계집

화관을 버리고 풀피리로 부르는 상여가
패장의 선창이 되어버린 생의 곡조를
여인은 나비 걸음으로 한 발 한 발 넘는다
끝이 없을 허공이기에 종이 걸음도 오른다
콧잔등 끝에서 고집스럽게 반짝이던 후회가

기척 없이 다가온 이별이
기별 없이 찾아온 조우가
여인의 얼굴에 이국의 꽃으로
큰 송이로 핀다

떠다니는 집

떠있기가 힘들어 너에게 갔다
모두 조금씩 나를 잊어가겠지
박박 밀어버리고 싶은 기다림
친구가 많아야 한다
친구 집은 멀어야 한다

글자가 힘들 때면 너는 왔다
나에게 글이란 오직
오늘을 살고자 툭탁대는 의미 잃은 동작이었기에
짓무른 글자가 날뛰며 너를 슬프게 한다
따끔따끔 바늘비의 촉수들로 불안이 자라고
맞은편에서 너는 골똘해진다

거기에 정말 삐죽삐죽한 산이 있었다고?
바보 물음에 너는 돌아눕는다
좁은 가슴 계곡에서 자라나 휘어진 다리
뾰족한 산으로 가득한 네 살배기의 그림에 눈이 베인다
너는 쉼 없이 어딘가로 문자를 보낸다
밤새워 점멸할 회신 없는 신호
너도 친구가 많아야 한다

TV가 번뜩이고 U-Tube의 채널이 돌아가고
꽉 조인 공간에서 빈 심장에라도 핵을 갖고 싶었던 우리는
거짓을 뿜는 세포의 활숨 마저 상쾌해했다

지진을 품은 바다를 표류하다
침묵을 잉태하는 그 집에는
문이 없다

고무줄 뛰기

하늘에 피는 스칼렛 잎새
대지에 번지는 세피아 노래
바다가 들어 올린 오렌지 트리

푸른 피는 고무줄을 부르고
감정이라 칭한 감정이 뒤집힌 땅을 이고
소녀는 포화에 눈이 먼 태양을 받아 내었네

또 한 소녀가 뒤를 따랐네
물방울이 더 잘게 눈부시게 웃음을 따라 부서졌네
가발을 쓴 섬이 비스듬히 누워 오라 하네
멀어지던 고무줄도 허리를 일으켜 오라 하네

땀 흘리는 청공을 보지 못했다면
엎드린 대지를 보지 못했다면
발끝에서 철썩이는 입이 싼 파도가
너몰나 바싹 여윈 과녁을 잃은 활촉이
좁은 품을 열며 기어이 쏟아지는 햇발이
그 섬뜩한 기우가 싫어졌다면

지느러미를 접고 기다렸다가
수평선도 지평선도 다.확 당겨와
넘어 버리기 무너뜨리기

소요 이영화 시인

1973. 전북 완주
문학고을 2020 시부문 신인상 등단
문학고을 호남지부장
청목문학상(작가대상) 수상
전북문인협회원
완주문인협회 사무국장
완주전주신문 필진
격월간지 신문예 자문위원
아태문인협회 윤리위원

진한 날 외 2편

이재성

한없이 길게만 늘어져 끝도 없이 갈 것만 같은 더위도 처서處暑를 맞아 한풀 꺾여 무섭게 일어나던 기운이 점차 아래로부터 일어나는 찬바람에 몸을 부르르 떠는 애처로운 신세가 되고 있다.

뻔질나게 드나들던 소나기도 숨 숙지며 추이를 관망하듯 간혹 햇빛이 구름사이에 얼굴을 빼꼼히 내밀며 내가 설 자리가 어디인지 연실 살피고 있고 구름마저 햇빛이 반가운 듯 애써 자리를 비켜주고 있다.

이러지도 저러지도 못하는 불편한 자리에 앉아 끙끙대며 어찌할 줄 몰라 당황하는 아이처럼 한순간의 기쁨이 주마등처럼 지나가고 이제는 제자리를 잡고 견뎌야 하는 것이 순리라는 것을 터득하고 있다.

누군가는 편안한 자리라 부러워하겠지만 막상 닥쳐보니 넓은 공간에 혼자만 외톨이처럼 남아 할 일 없이 여름날의 시간을 갉아먹는 좀도둑처럼 우왕좌왕 제자리를 찾지 못하고 서성이고 있다.

늘 그리움이 먹구름처럼 밀려오는 것은 예전에 다하지 못한 사랑이 아직도 남아 기억 속에서 추억을 남기며 한올 한올 실타래가 풀리듯 오래된 스크린에 영상으로 되풀이 되고 있다.

남에게 보여지는 그런 사랑보다 난초의 잎에서 살며시 피어나 진하지 않은 향기를 은은히 내뿜으며 수줍고 여린 꽃으로 잠시 머물다 숨는 것처럼 세상에서 가장 은밀하고 소중하게 기억되고 싶다.

그리 분주하지 않은 하루가 이제 서서히 제법 시원한 어둠을 가져오는 바람에 밀리며 비켜나고 있고 이름 모를 나무에 참새들이 걸터앉아 오늘 밤 머물 자리가 맘에 안 드는지 재잘재잘 지껄이고 있다.

하얀 도화지에 까만 물감을 뿌려놓은 듯 먼 산에서부터 서서히 밀려오는 어둠에 못 볼 수 있다는 초조함이 그리움으로 덧칠되어 몇 알 안 되는 빗줄기 튀기는 소리와 혼돈되어 진한 사랑이 아쉬움으로 배어나고 있다.

염려

제법 시원한 강바람
묵직한 콘크리트 벽을 넘어
온몸을 뿌리지만
아무런 감응 없이 한 가지 일에
집중된다.

전깃줄에 걸 터 있는
이름 모를 새들의 재잘거림
귓속을 때리지만
그냥 지나치는 소음에
불과하다.

행여 설렘임을 앉고
메신저를 기웃거려 보지만
이미 지원진 이름
밤하늘에 죽은 별들처럼
처량하다.

설령 남겨진 내음이
주위를 감싸는 석양에 묻어

한줄기 아름다운 빛으로
되살아날까 기대되어
찾아본다.

한참이나 멍하니 구름에
흩날리는 지는 하늘을 보며
애써 마음을 추스려
담담하려 하지만 왠지
슬퍼진다.

그런 내 사랑이 미치도록
염려된다.

몰두

아침에 뿌리는 빗줄기가 가을비라고 해야 하나 아님, 늦여름을 보내기 아쉬워 울어대는 흐느낌이라 해야 하나 그동안 붉게 달 가진 대지를 차분하게 식히며 자신의 소임을 다하고 있다.

비가 와서 슬픈 것은 아닐진대 눈물처럼 보여지는 것은 왠지 맘속에 자리 잡고 있는 진한 사랑이 계절을 타서일까? 아님, 아직 보여주지 못하고 남아있는 그리움에 섞인 그 무엇이 표현되지 못하고 가슴속에 박혀 어찌할 수 없이 맴돌고 남아있기 때문인가?

집착이라고 하기에는 내 마음이 아직은 허용되지 못하겠고 그냥 좋아하는 한 가지 일에 몰두한다, 생각하니 조금은 마음이 편하고 그렇다고 마냥 편할리도 없겠지만 이것으로 안도하며 휴일의 아침을 차분하게 맞이해 본다.

누구나 자기만의 생각으로 하루를 열고 자기만의 만족으로 하루를 마무리 한다고 하지만 같은 공간에 태어나 서로 부대끼며 이 좁은 세상에서 함께 할 수 있다는 것에 감사하며 오늘도 하루를 시계의 초침에 의지해 위태롭게 살아

간다.

응어리진 마음까지 빗물에 씻겨갈 리 없겠지만 투정 어린 표정으로 하소연 하는 것은 이제 막 다가올 가을날을 맞이하며 아픈 상처는 버리고 새롭게 다가올 진한 추억을 담기 위함임을 모르는 바 아니지만 때론 무심히 지나가는 여름날이 얄밉게만 느껴진다.

이제 제법 서늘한 바람이 아침저녁으로 채 다물지 못한 창문으로 슬금슬금 들어오고 풀벌레들의 합창 소리가 더욱 요란해지는 것을 보니 이미 가을이란 놈이 현관문을 살며시 비집고 들어와 자신이 여기 있다고 속삭이고 있다.

오직 한 사랑만을 위해 생각하며 바라보며 느끼며 하루를 살았다고 하기에는 딱 하루만 간신히 허용된 하루살이가 듣는다면 무슨 생각을 할까? 괜히 미안하고 애틋하고 슬프지만 그래도 지금, 이 시각에 누군가에게 몰두하고 있는 내 마음이 좋고 내 사랑이 소중해 마냥 기쁨으로 남겨갈까 한다.

이재성 시인

여주 대신고등학교 졸업
한국방송통신대학교 경제학과 졸업
여주시청 근무
문학고을 신인문학상 수상 (2023)
문학고을 등단 시 부문
한국문학예술 신인 문학상 수상 (2023)
한국문학예술 등단 시 부문
공저:
문학고을 제8선집, 제10선집,
제12선집 등 다수
필명 : 야초
E-mail : yyacho@hanmail.net

갈증 외 2편

이정열

황토 색 삼베 조각에
감정을 한 움큼 담아
돌돌 말아서
한약 짜듯 짭니다

이 푸른 오월에
싱그러운 녹즙
흥건히 흘러
푸른 사랑 질펀한 마음
가득할 줄 알았지요

삼베 조각 속
찌꺼기는 남는데
흘러내린
흔적이 없네요
붉고 황홀한 장미 열기에 말랐나요

잠시 흐른 성상인데
이렇게 쉬 메말라 버리는가

이슬 맺힌 풀잎이 바람에 떨리듯
파르르 눈을 감습니다

부드러운 바람 고이 잡고
내리는 빛과 거닐며
밤하늘 별 속삭입니다

애통하는 심정으로
메마른 찌꺼기
영생하도록 솟아나는 샘물에
담가 봅니다

그렇군요
이렇게 맑고 진한 생수가
잔잔하게
마음과 육신을 감돌아 흐르는군요

영생하도록 솟아나는
마르지 않는
샘물이 되어

그렇네요
항상 푸르른 은혜가 있어
인생은 충분히
촉촉하게
아름다울 수 있네요

해당화와 少女

별들이 유난히 추억을 묻던 밤에
바다 건너 심 청이 살든 녘
섬 마을 꿈을 꾸네

붉고 예쁜 해당화
지천에 널려 피고
겹겹이 부드런 꽃잎은
청이 닮은 섬 소녀 마음결
바람이 늘 말했지

꿈결 이련가
마음결 이련가
달빛결 이려나
마음아 마음아 춤추는 마음 아
파도 소리 들리는 섬마을
해당화 붉은 꽃 노란 꽃술로
나비처럼 가는구나
가시야 억세지만 붉고 예쁜 해당화

나를 기다렸니

바람 세찬 사곶 비행장
배 닿는 옹기포
바람에 흔들리는 꽃송이처럼
손짓하며 기다렸니

검은 몽돌 하얀 몽돌
파도와 더불어 속삭이며 시를 쓰는데
너는 두무진 바위처럼
우두커니 서서 세월이 때리는 파도만
아프게 아프게 맞았구나

해당화 피고 지고
수평선으로 가는 갈매기
철 따라 세월을 일러 주던가
소녀야
너는 18세
비껴간 세월이 열여덟으로 피워 내는
너는 곱고 아름다운 해당화

그리움 사무치는 해당화

김 일병 목소리

태평양 넘어오는
물소리같은 목소리
내 귀에 울린다

반 백년이 흘렀는데
북포리 논둑 길에서 듣던
그 웃음이고 그 목소리
트랜지스타 라디오의 그 음악
시공 속에 흐르네

군대 졸병
야학 선생
섬마을 총각 선생
한없이 적막했을 서해 고도의 밤
해당화 꽃같은 아이들이
화려하게 슬프게 엮어내던 세월들을
동행했던 김 일병
내 공간 속에 웃고 있다

짜릿한 전률이 노송을 흔든다

쏴아 파도 소리 나는
하얀 조약돌 해변으로 달려가고
그날의 젊음과 열정이
물새던 두레박을 수리한다
오염 안된 맑은 물을 가득 담아 퍼올려…

인생 길에 어쩌다
구름처럼 떠오르던 사람이라
눈물이 핑그르르 돈다

이정열 시인

44년 남해 상주 출생
진주고등학교 졸업
독학사 (국어국문학)
베데스다 대학교 M,Div
(주)젠코프레이션 대표이사 역임
IKIS통일포럼 공동대표 역임
여의도 순복음교회 장로
문학고을 신인 작품상 수상
문학고을 등단 시 부문
청목문학상(작가대상) 수상
현) 문학고을 수석고문
첫 시집 『길섶에 핀 풀꽃처럼』 출간

매미 오줌 외 2편

이종순

운동길에 들려오는 매미 노랫소리
점점 짙어지는 수컷 매미의 쩌렁쩌렁한 테너소리
맴맴맴맴 찌르르르
맴맴맴맴 찌르르르
간간이 들리는 참새소리 화음이 되나 싶다가
화난 듯 도돌이표를 달고 큰 소리로 목이 터져라 울어 댄다
발걸음이 빨라지고 더위와 습도에 앉을 곳을 찾는다
빨강, 파랑, 초록, 노랑의 평상 위에 커다란 파라솔이 알록달록 펼쳐있다
약간의 햇살도 지금은 싫다 그늘이 필요하다
울창한 나뭇가지 늘어진 평상은 만석이다
저 멀리 두 사람 앉을 벤치 위엔 파라솔대신
벚나무 이파리 짙은 군복을 두르고 있다
매미 녀석 여기서도 울어 댄다
포기하고 땀을 닦으니 마른하늘에서 빗방울이 떨어진다
하늘을 올려다보니 파란 쪽빛에 솜사탕이 너부러져 있다
소나기를 생각한다
만석의 평상 위엔 아무도 일어날 기세 없다
연약한 여인 덥다고 빗님이 특혜를 준걸까 한다
초록 군복 속 매미 녀석들 밉살스레 울어대어

그만 좀 울라 소리치니 사랑이 고파 운단다
어쩌겠나 해 줄 수 있는 것은 없으니 아무 말
못 하고 내가 일어서야지
돌아서 걷는 걸음사이 전화가 울린다
나만 운이 좋아 빗방울로 땀을 씻었다 하니
매미 오줌이라 한다.
이런 날벼락이 있나
매미에게 오줌벼락을 맞다니

우산

한쪽 어깨가 젖어도
하나만 쓴다

가슴에서 들리는 심장소리
천둥이 되고

설레는 한쪽 손
살짝 허리춤을 감싸니
뜨거운 온기 손끝에
다가온다

우산 속 달콤한 키스는
뜨거운 사랑의 메신저

한쪽 어깨 적시던
하나의 우산에서
사랑이 피어났다

초록 여름

초록빛 물든 개울가
물메기 누워있고
졸졸졸 흐르는 음악소리
산새들 나래 펴고
바람이 지휘한다

이끼 품은 바위
초록빛 얼굴 밀어
햇살 주워 담고
개구쟁이 개구리
냇가에서 노래한다

까만 밤은
폭죽 같이 피어나고
알알이 피어나는 반딧불이
초록 속에 영롱하다

올해
여름밤은
비워진 마음속
달달하게 채워 진다

이종순 시인

(전)부산기장 차문화 대학 부학장 역임
(전)부산국제차문화 축제 회장 역임
(전) ㈜유원기술 ,
㈜세진엔지니어링 대표이사 역임
문학고을 신인 문학상 수상
문학고을 등단 시 부문
전) 문학고을부울경 사무국장
현) 문단발전위원장
현) 문학고을 부울경 지부장

물고기 외2편

이지선

다시 쓸쓸하고 건조한 공기가 온다. 잘못된 건 없는 듯 하늘도 어둡다. 햇빛이 들지 않는 자리에 털썩 팽개쳐 서늘한 그늘에 다리가 저리다. 아직 아무것도 잡지 못한 손에 엉켜진 그늘들이 헤엄치는 이곳이 땅이다.

눈을 감지 않는다. 막힌 숨처럼 샅샅이 알 것 같은 그 공기다. 몇 번이고 숨이 막혀 헉헉거리며 발버둥 치던 땅이다. 살 수 없는 곳에 일초 이초 삼초. 웅성거리며 축배를 드는 그들의 손에 흐르는 베일 것 같은 공기들. 살아있다 아직. 그들이 트로피처럼 나를 드는 순간. 기다리고 기다리며 아직 살아있다.

새의 이름

목마른 새는 노래하지 않는다. 짙은 아침의 냄새를 맡으며 잠겨진 목에 걸린 모래처럼 껄끄러운 날갯짓 한다. 불편함이란 단순한 세상을 연다. 모든 것이 한 곳에 집중되는 짜증. 찾고자 하는 대상이 뚜렷할수록 눈은 깊어진다. 변명이 가득한 시간의 허둥거림에 기대어 소리 낼 수 없음을 정당화한 그날부터. 날개는 균형을 잃었고. 갈증은 지속되어야 했다. 눈이 가려진 발밑을 두려워 해 쉬지 못한 날개는 이미 앙상했고. 발버둥 치려 한 삶의 연장은 이제 똑같은 모래를 먹인다. 이제 노래해야 한다.

목의 갈증을 뚫고 올라오는 퀙퀙거리는 소리를 두려워하지 말아야 한다. 떠오르는 해의 뜨거움을 응시하며 괴성을 지르자. 소리는 소리를 만들고 모두 처음 들은 그 소리로 새의 이름이 지어진다.

나는 헤어질 수 없다

초점을 맞춘다
당겨진 공기안에 머무른 정적
쇠처럼 차가운 침묵이 무겁다
방아쇠의 끝이 흔들린 건 잘하고자 돌아간 힘
번뜩거리는 광기
돌이킬 수 없는 진실이었던 거짓말들
사랑받지 못한 자의 조용한 탄환처럼
차마 정리되지 않은 이름이 터진다
바람 같은 너의 정면을 향해
공기를 찢으며 부른다 너를
더없이 좋았던 날
미소들이 부유하던
흔들리지 않았던 결심이 날아간다
너무 잘 알던 자의 눈동자가 과녁처럼 뜨는 밤
죄책감 없이 나를 향한 사냥의 시작
꺽을 수 없는 병든 발걸음이다
밤마다 불을 댕기는 손 끝이 향하는 건
네가 없는 허공에 꽉 차는 끓어오르는 어둠
헤어질 수 없다 아직 더 사랑하고 싶다

이지선 시인

2022 문학고을 신인문학상 시부분
2022 문학고을 최우수상
2022 〈모퉁이가 있다〉 시집 출간
2023 부평구문화재단 시소 입주 작가 (창작부분)
2023 연희동 문학창작촌 12월 입주 작가
2023 〈내 마음이 지옥 같아서〉 시집 출간
2023 인천시 신진예술인 시 부분 선정
2024 문학고을 청목문학상 (작가대상) 수상
현) 문학고을 등단 심사위원

가끔은 하늘을 보며 쉬엄쉬엄 살자 외 2편

이현숙

비록 가진 것 적어도
불볕 햇살처럼 뜨거워보자
시간이 지나면
가슴에 바람을 안고
시원함을 느낄 수 있으니

흔들리는 세월을 맞이해도
헤치고 견뎌보자
시간이 지나면
잔잔한 호수에
배를 띄우게 될 것이니

천둥, 번개 소리에도
귀를 열고 들어보자
시간이 지나면
인생의 파노라마가
끝없이 펼쳐지고 있을 테니

망초의 순례길

가는 길에 넓게 펼쳐있다

머리 모양과 얼굴 모습은 같아 보인다
성격과 개성은 천차만별
두 팔에 인생의 겸손을
두 발에 세월의 지혜를 담아본다

공원 앞 언덕
실바람에 행군을 시작하고
머리는 신이 나서 흔들리고
팔다리는 흐느적거리며
몸은 자유로이 춤추며 길을 나선다

하늬바람에 나비춤을 싣고
친구들과 무리 지어 대화를 할 때에
소소 바람이 다리까지 살랑살랑
개다리 춤을 추기도 하지

풍성한 햇빛에 손을 흔들고
머리 숙인 민들레와 어깨동무하며

다소곳이 길가에서 기다려본다
키가 크든, 작든, 늘씬하든, 통통하든
함께 순례길에 오른다

하늘이 주는 상처

창 너머 하늘 보니
회색 구름은 산꼭대기에 걸터앉아
붉은 얼굴을 살짝 보이고
구름과 손을 잡는다

백지에 노는 검정개와
흰 패딩을 걸친 아이만
신나게 발자국 지도를 그리며 논다

하얀 솜은 멈추었고
다니는 거북이들은
덜꺼덩 체인 감은 소리만 낼뿐
커다란 상자들만 오고 간다

거북이들과 커다란 상자들이
뒹굴고 부딪혀 찌그러지고
화염을 뿜어내고
깊은 상처를 남기는
하늘이 미울 뿐이다

이현숙 시인

김포 문예대학 문예창작과정
제 22기 졸업
문학고을 신인문학상 수상
문학고을 등단 시부문
문학고을 최우수작가상 수상
현) 문학고을 자문위원

Calligraphy 변주變奏 외 2편

임성환

벚꽃 향기 그윽한 눈부신 아침
묵향墨香 가득한 붓끝을 세워
하얀 한지 위에 선을 긋는다

물안개 사이로 안개꽃 퍼지듯
꽃그림 화사하게 번지면
네모틀 속의 낱글자들
백지 위를 자유로이 뒹굴며
웃기도 하고 울기도 하다가
화면을 차고 나비로 떠오른다

봄빛 슬며시 머문 창턱
추억의 소실점 너머 피어오른 얼굴 하나
휘갈겨 쓴 글줄에 걸리면
마른 꽃 한송이 빈 여백에 채워
숨찬 그리움을 담아본다

문득 빈 하늘을 보니
화면 속의 연분홍 샤프란 꽃
구름 위에도 피어있다

수목원의 한낮

길 잃은 햇살 자락
축령산 계곡을 헤매이고
이팝나무 하얀 눈꽃
산 허리를 돌고 있다

세월 저편에 잊혀진 이름
바위 틈을 지나는
샛바람에 실려가고
누군가의 기도 소리
돌탑 주위를 맴돌다
계곡 물소리에 잠긴다

한낮의 허몽虛夢
조용히 내려놓고
흐르는 물의 석별惜別에
빈 마음 흘려보낸다

만종의 시간

만종의 겸허한 시간
하산하던 산안개
푸른 벌판을 뒤덮고
강둑 풀섶사이에
붉은 눈의 해오라기
갈 길을 잃고 서 있다

강의 울음소리
낮은 곳으로
낮은 곳으로
비가悲歌로 흘러가고
스치는 구름 사이엔
그대 눈가에 고인 슬픔
상처난 꽃으로 피어
빈 하늘에 솟는다

속절없이 한 낮이 지나고
산야초 나풀대는 저 너머로
색깔없는 그리움만
외로이 남아

노을 내리는 갈대숲에
소리없이 숨어든다

임성환 (林聖桓) 시인

홍익대학교 및 동대학원 졸업
단국대학교 대학원 수료
제일에이젠시 대표
나이스 프린트 닷컴 COO
중소기업 산업디자인 지도위원
홍익대학교 외래교수
인천대학교 겸임교수
가천대학교 겸임교수
현 한국디자인트렌드학회 자문위원
문학고을 신인문학상 수상
문학고을 등단 시 부문

무위 無爲 외 2편

임주아

숫자를 가져야만 사는 세상
사람들은 서로 더 가지기 위해서
앞으로 앞으로 위로 또 위로 올라갔다
숫자 얻기 위해서라면
무엇이든 팔았고
수단과 방법을 가리지 않았다.

이만하면 충분하다 돌아가는 이에게
사람들은 바보라며 삿대질했고
돌아가는 사람은 입을 닫았다

자신이 가진 0의 개수를 숨기고
하나라도 더 모으기 위해 안간힘 썼다

무작정 앞으로 앞으로 위로 또 위로
고지라고 생각될 때쯤 속도가 줄고 소란했다
앞도 뒤도 막혀있는
절벽이었다

사람들은 떨어지지 않으려 발버둥 치고

떠밀려 떠밀려 절벽으로 내몰리고
밀지 말라 소리쳐도
몰려드는 이들은 귀가 없다

벼랑이 보이는 순간

떨어지는 사람을 보며
떨어질 사람들은
두려움에 묻혔다

모아둔 숫자 하나
손에 쥐지 못한 채
텅 빈 눈은 하늘로 추락하고

떨어지는 사람은
오르는 수많은 사람들을 보았지만
올라가는 사람들은
떨어지는 사람을 보지 못했다

여기, 멀리서도

도시의 불빛
작고도 화려한 빛의 춤
멀리 섬세한 빛 그림

바라만 봐도
높고 우아한 생의 경이로움
산은 제자리에서도
카멜레온처럼 패션쇼 연다

어디에서 무얼 하든
먼 산처럼 그대로다

희미해지는 듯
더 선명히
내 안에 자리한다

장렬히

똥은 더러운 것이라
어쭙잖은 시기로 분별했다
매미 날개 떨어질 듯
온몸 흔들어 죽을 만큼
달려본 적 있는가

지탱 못할 만큼 온몸 불살라도
적당히 대충 흔들다 말아도
죽어 말라 비틀리면 같은 모습인 것을

왜 아끼고 아끼다
똥이 됐을까

똥마저 소중한 쇠똥구리처럼
남은 시간을 소중히 굴려보리라

온몸으로 노래하다
장렬히 전사하는 매미처럼
한 점 후회 남기지 않고 떠나고 싶다

임주아 시인

1977년 출생
문학고을 신인문학상 시 부문 수상
문학고을 우수작가상 시 부문 수상
저서 『봄이 오는 시간, 한번 살아보겠습니다』
공저 『에세이처럼 살고 싶다』 『내가 쓰는 글이 너에게 닿기를』 외
공저시집 『문학고을』 봄호, 여름호
『무화과는 꽃이 핀다』

마늘잎 고등어찜 외 2편

장성진

빨갛고 노랗고 갈색 함께
노을 진 들녘을 휘돌아
가을의 등을 힘껏 떠밀면

비탈밭 돌무덤처럼 굳은
이마 근심주름 속에서
세월은 힘겹게 겨울잠 청하고.

메마른 어머니 손등에 쩍쩍
지독한 아픔으로 남겨진 자식들
날갯짓이 낯설고 부질없지만

육 쪽마늘 속 아린
사랑이 엄동설한 이기고
봄으로 피어나면.

펄떡이던 푸른 고등어 절여
설움으로 가득한 가시 바르고
무겁던 눈물 마른 시래기 더해서.

받은 마음 모두 거두어 팔팔
감사와 버무려 찜으로 요리하여
미안함으로 감싸 드리고.

엄니 얼굴 가득한 행복 물결 타고
지독했던 과거를 메고
존재하지 않는 미래로 떠난다.

목련

북촌에 계신 당신이 보낸
햇빛 한줄기 삼킨 그날.

부서질 듯 말라버린 가지 속에
잉태한 불꽃같은 사랑.

휘몰아치는 찬바람 견디며
키운 푸르른 바다로 가는 꿈.

흰 눈이 녹아 사라진 날
임 향한 몸짓으로 깨어진 껍질.

목 타는 열정으로
미친 듯 터지는 꽃 봉오리.

떠나간 당신 소식에
목이 툭 꺾이는 꽃잎.

돌아오지 않는 임 애태우며
떠날 수 없어 묻은 검은 그늘

돌려주고 싶은 눈물

다리에 감각이 없고 심장이 뻣뻣해져서
눈을 뜨고 돌바닥에 조용히 누우면
태양을 삼킨 붉은 꽃잎은 타들어 가고
하얗게 토해진 삶의 조각들이 널브러져 울음 울었다.

태양이 떠오르기 전에 모이라고 했건만
늘 닫혀있는 가슴을 열기에 부족했단 핑계만
들려오고 황홀해질 황혼을 목에 둘러맨
아이들 꿈은 바다로 바다로 끌려 들어갔다.

노랫소리 들려오고 숨소리 거칠어지지만
성난 하루는 기억이 없었던 그날인 듯
피아노 건반보다 깊은 바닷속 심연에
임 품어 안고 마지막 눈물을 던진다.

쏟아지는 빗물이 던져진 눈물을 태우면
멀리서 하늘이 가슴을 감싸 안지만
늘 혼자였던 허공은 날갯짓을 버리고
하늘에 닿을 꿈도 포기하고는 달려간다.

꽉 차버린 시간을 비우고
꼭 보고 싶었던 임이 아니면 턱도 없지만
임이 서러우면서도 죽을 만큼 미치도록 고마워
돌려줄 수 없는 울음만 온종일 울었다.

장성진 시인

1965년 문경 출생
성남시 거주
전자공학 석사
삼성전자 근무
방통대 법학과 재학중
문학고을 신인 문학상 수상
문학고을 등단 시 부문

아침 풍경 외 2편

최근용

여명이 밝아 희망의 아침이 오면
하루의 시작을 알리고

시간은 차창 밖 풍경 속 한 장의 사진처럼
빠르게 스쳐 지나간다

등교하는 학생들의 즐거운 함박웃음
출근하는 직장인들의 힘찬 발걸음
운동하는 사람들의 활기찬 모습
여행하는 이들의 설렘 가득한 표정
봉사하는 분들의 따뜻한 미소

나의 아침은
오늘 어떤 모습으로 기억될까?

새로운 시작을 알리는 아침 풍경 속에서
나의 하루를 힘차게 시작해 본다

클로버 세레나데

네 잎 찾으려 그대와 오랜 시간을 행복하게 해준
세잎의 소소한 행복을 누리고

세잎의 행복 속에서
네 잎을 찾아 그대와 행운을 같이하며

다섯 개의 잎처럼 그대와 함께 성공하여

여섯 개의 잎처럼 그대와 풍요롭게 살아가고 싶습니다

그렇게 이 아름다운 세상을 그대와 함께 하고자
이 클로버 꽃반지로 그대에게 청혼하나니
부디 나의 마음을 받아 주소서

사랑의 우산

비 오는 날 우산을 들고
당신을 기다릴래요
당신과 함께라면 빗속에서도 웃음 지을 수 있으니까요

우산 속 그대와 나란히 서서 걷고 싶어요
마주한 어깨 위로 떨어지는 빗방울도
사랑의 노래가 되어 흐를 테니까요

이 비 그치면 우산은 접혀지겠지만
내 마음속 사랑의 우산은
영원히 접지 않을 거예요

당신과 함께라면
어떤 날씨도 두렵지 않으니까요

최근용 시인

68년 강원 횡성 출생
둔내 고등학교 졸업
대한민국 해군 부사관 전역
CBS 기독교 방송 아카데미 음향 엔지니어
우리무역 대표
현) 지역난방플러스 재직중
문학고을 신인문학상 수상
문학고을 등단 시 부문
ziogoodchoi@naver.com

무궁화 외 2편

최해영

함박웃음 짓는 듯 활짝 핀 모용貌容
그 자태를 볼 때마다 미더운 꽃
우연히 노변路邊에서 만난 무궁화가
소담스러움을 자랑하며 서 있네

화려한 빛깔과 강건한 생명력을
자긍自矜하는 우리나라의 소중한 꽃
새벽에 꽃이 핀 후 저녁에 지며
매일 새 꽃이 피는 습성이 있네

굳세고 진취적인 기상을 과시한
현묘玄妙한 미를 긍과矜誇한 일편단심은
우리 민족의 희로애락이 서리어
민족혼을 일깨운 겨레의 꽃이네.

상사화

상사화가 슬픈 추억 간직한 꽃이기에
사모하던 여인이 스님 그리워하다 꽃이 된 것처럼
화엽불상견花葉不相見일 수밖에 없네

상사화가 그리움이 많은 꽃이기에
사랑의 숨바꼭질 하고 있는 연인처럼
화엽불상견花葉不相見일 수밖에 없네

상사화가 이루어질 수 없는 사랑 의미하고 있기에
연인끼리 서로 그리워하고만 있을 것처럼
화엽불상견花葉不相見일 수밖에 없네

추풍낙엽

청명한 하늘
맑게 갠 날

해 뜨다
해 지고

비 오다
비 그치고

바람 없다
바람 불고

심술궂은 비바람 속
신록 자랑하며
원기 왕성하게
꽃다운 청춘 보내고
아무런 흔들림 없이
침묵으로 살며
무상함 느끼게 된
나그네 인생

흐리멍덩한 하늘
구름 낀 날

비 오다
비 그치고

해 뜨다
해 지고

바람 불다
바람 없고

흐르는 세월 속
푸르름 뽐내며
젊은 시절 보내고
나 자신 물들여
인생 황혼기인
노년기 맞이해
땅 위에서 기는
나뭇잎의 주검

최해영 시인

서울대학교 공로직원
중·고등학교 및 평생교육원 출강 중
교육학석사, 청소년지도사, 한국어교원 외
문학고을 신인문학상 수상
문학고을 등단 시부문
문학고을 최우수 작가상 수상
제3회 청목문학상(작가대상) 수상
제2회 디카단시조문학상(강원시조시인협회) 수상
문학고을 수석고문
시집 및 공저
『베푼 사랑의 미소』 및 '시선집' 다수

토닥토닥 외 2편

한순남

간밤엔 당신을 닮은
가을 발자국 소리에
쓸쓸함을 타고
잠을 설쳤나 봅니다.

시원한 바람 소리에
아침잠에서 깨니
가을의 속삭임이
창문을 두드립니다.

여름이 떠난 것이 아니라
그냥 사계절의 표정이
바뀐 것뿐이라고
토닥토닥합니다.

나그네

이 땅에 마음두지 않기에
낡은 성경책
다 헤진 신발 한켤레
아직은 버리지 못하고
매일 떠날 준비를 한다.
당신이 원하실때…

그리움

조용히 스치는 바람에도
혹 당신일까 봐
숨이 멎을 것만 같습니다.
너무 보고팠던 마음이
애절한 바람이 되어
또 나를 찾아왔을까 봐…

이미 퇴색되어버린
낡은 사진을 바라보다
잠시 잠이 듭니다.
당신을 잃어버릴까 봐
꿈을 깨지 않은척하지만
난 이미 너무 멀리 왔는데…

다시 아플 자신이 없어
일기장을 열지 못했지만
버리지도 못했습니다.
내 맘은 긴 세월 지나도
한 사람의 공간밖에 없는
좁디좁은 마음인 건지…

한순남 (恩甦; 은서) 시인

1969년 경북 경주출생
경성대학교(오르간전공)
한국어린이선교원신학교(보육선교학과), 신학원(몬테쏘리학과)
방송통신대학(교육학과전공): 보육교사 1급
기독교통신음악대학(오르간전공)
전) 음악학원 & 미술속셈학원 강사, 교회 유치부설교 & 지도교사
현) 평화교회(전포동) 오르간 반주자, 찬양지도, (주)서광에어텍 이사
문학고을 신인 문학상 수상
문학고을 등단 시부문
문학고을 최우수작가상 수상
현) 문학고을 자문위원, 문학고을 부울경지부 부지부장 & 사무국장
저서: 문학고을 시선집
 7, 9, 11, 12, 13, 14, 15선집(공저)

사막의 방랑자 외 2편

한충한

창자를 토해내는
검붉은 태양

신기루에 홀린
어리석은 시야

어스름하게
먼지로 그려진 신기루
가느다란 바람 끝에 스러지고

사막에 내리는 빗방울
방울마다 묻어 사라진다

사라짐의 원망을 잊고
자, 이제 가자
사막을 떠나자
오아시스를 향해

마지막 잎 새

나무 가지 끝에 매달린
마지막 잎 새

안간힘으로 버티는
끈질긴 생명

번지는 찬 기운
잡은 손을 힘없이 놓는다

하나, 둘 떨어지는
생명들을 세어보는
노인의 눈
어느덧 고이는 서러움

고개 들어
하늘을 바라본다

연어의 노래

휘몰아치는 폭풍우
역류하는 거센 물살
찢기는 살갗

아득한 저곳
고지가 저긴데

지치고 힘들어도
가야만 하는 운명

아스라이 보이는
희망이란 무지개

한충한 시인, 수필가

광주 동성중학교 (1968~1970)
방송통신고등학교 (1975년~1978)
방송통신대학교 (1978년~1980)
조선대학교 (1980~1983)
중앙대학교 건설대학원 (1986~1988)
공학박사
한국건설기술연구원 (1984년~2017년)
건설 IT융합 연구
세계 3대 인명사전 등재
Marquis Who's Who in the World
(2015년, 2016)
기술지도사
중소벤처기업부

〈저서〉
『백합은 눈보라 속에』(2024년), 『백합의 꿈』(2024)
『2030 신세계질서』 (New World Order)(2023)
문학고을 신인문학상 수상
문학고을 등단 시 부문
문학고을 등단 수필 부문

길의 끝에 서면 외 2편

허 환

슬픔을 가지에 걸고 말리지 말라

늦여름 해그늘에 지는 목배롱 꽃잎들이
잠시 지상에 내려놓은 붉은 한숨을
누구도 일일이 헤아릴 수 없는 것처럼

땅에서 빚어진 슬픔의 지문을
뜬 눈으로 감식하던 용서되지 않는 마음과
땅의 가슴으로 감당할 수 없어
하늘에 뱉던 침으로 얼룩진 모든 자국을
이 땅에 묻고 길을 나선다면

다시는 별을 바라보지 않아도 될 것이다

넘어진 나를 버려두고 걸어보다가
걷기를 다하여 끝이 되는 그곳,
길의 끝에서

걸어온 땅의 발을 씻어 줄 찬물이 흘러나올 것이고
너보다 오래전부터 너를 기다린 물결에

헤어진 사람의 얼굴도 그림자의 흔적도 지워지고

가슴에 바늘 떨어지는 소리도

세상에 태어나 처음 울던 울음으로
세상을 떠나고 싶다고 울던 울음도

모든 기억도 소리도 조용히 지워지는
이름 할 수 없는 사라짐의 안도安堵가 있을 것이다

돌의 응시(凝視)

밤새 피를 빨던 거머리 떼 물러가자
아침이 힘겹게 실눈을 뜬다

귀 속에서 울어대던 방울새는 어디로 가버렸나

궁금해할 필요는 하나도 없겠지

접다가 만 어제에 오늘 하루를 겹쳐 놓고
화엄의 파랑새에 대하여 잠시 궁금해했지만
파랑새는 그저 파랑새
   지 창포밭 여름 하늘이 달아오르기 전
한 마리 벌레잡이에 분주할 뿐이다

내가 매일 빠지던 늪지 어름에서 오늘도
길을 잃고 말 것이라는 익숙한 절망을 예감하면서
신발끈을 고쳐 매고 지옥철을 타러 간다

기다리는 삶에 어떤 독기가 더 필요할 것인가

서해에 바람이 불거나 말거나

남부에 비가 중부에 서리가 내리거나 말거나
큰길, 너에게 향해 있는
그 길의 가슴팍 한가운데 박힌 돌이 된 나는

모가지 채 불현듯 땅으로 떨어지는 동백의 얼굴만 쳐다보
고 있을 것이다

마음에 피는 꽃

사람 사는 곳 어디든 꽃이 있습니다
꽃이 있는 곳에 사람이 항상 있지는 않지만

꽃은 스스로 이름 하지 않지만
사람이 꽃에서 위로를 받고 싶어 하기 때문일 테지요

산 그리메 물결 아래 빈 들판에
바람 햇빛 받으며
그저 홀로 피어 있다가
밤새 가슴으로 모은 이슬방울로
새들과 벌들에게 아침의 한 모금 물을 먹이고

가슴에 뚫린 큰 구멍을 메울 무엇을 찾는 사람들에게
작은 물결로 흘러들기도 하지요

누구에게 온기가 된다는 것
누구에게 향기가 된다는 것

사랑하는 사람들과 외로운 사람들의 마음에
선연한 위로가 되는 잠시가 된다면

그 잠시를 위하여

전력으로 피어나서 온몸을 바칠 수 있는 것보다
다른 벅찬 일이 있는지 모르겠습니다

허 환 시인

서울 거주
현대종합상사 근무 해외주재 15년
㈜크라스빌 사장, 코트라 전문위원
현 법무법인 경성 고문(국제통상)
문학고을 신인문학상 수상
문학고을 등단 시 부문
공저-문학고을 시선집

문학고을 시선

문학고을시선 01　문학고을시선 02　문학고을시선 03　문학고을시선 04　문학고을시선 05

문학고을시선 06　문학고을시선 07　문학고을시선 08　문학고을시선 09　문학고을시선 10

문학고을시선 11　문학고을시선 12　문학고을시선 13　문학고을시선 14　문학고을시선 15

문학고을시선 16　문학고을시선 17　문학고을시선 18　문학고을시선 19　문학고을시선 20

     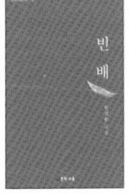

문학고을시선 21　문학고을시선 22　문학고을시선 23　문학고을시선 24　문학고을시선 25　문학고을시선 26

신작동시

강영란
김효주

9월의 영산강 외2편

강영란

부드러운 미소로
나를 바라보는
고요한 눈빛

나무의 역전

바람에 시달려
땅 속으로 땅 속으로 내려갔다
빛 없는 곳이지만
신기하게도
하늘과 땅과 우주가 가득했다
흠뻑 충전하니
몸과 마음
빵빵~*
바람도, 뜨거운 태양도
화살처럼 쏟아지는 비도, 마른 공기도
무섭지 않다
하늘과 땅과 우주에 보답할
열매를 꿈꾼다.

억새

하얗게 반짝이는 너
꽃보다 아름답다
예쁜 신부 같다.

강영란 시인

69년생 나주 거주
현재 초등학교 교사
광주대학교 문예창작학과 박사 졸업
이메일주소: kangyrs@daum.net
문학고을 신인문학상 수상
문학고을 등단 동시 부문

빨갛게 물든 코 외 2편

김효주

등에 닿을 듯
쫓아오던
숨소리
뚝

이리 저리로
도망가던
걸음도
뚝

뒤돌아보니
망부석 같은
동무들만
가득

깔깔대던 아이도
개구쟁이 녀석도

붉게 다가오는
하늘에

빨갛게 코가 물들어 있다

말없이
노을에
멈춰 서 있다

무서운 자동계단

계단이 살아서 움직인다

아무도 걷지 않는데
모두 다 올라간다

이모 따라나선
백화점 구경

윙윙대며 움직이는
계단은
엘리베이터랑
이름이 비슷했다

한 발을 내딛었다
빼고
다른 발 내딛었다
숨기고

이모는 벌써
2층인데

나는 언제 올라가나

무서운
자동 계단

방학

시골 교회
목사님 외할배 집은
방학 놀이터

마당에서 개랑 놀고
앞뜰 꽃 뜯어
엄마놀이하고

예배당에서 숨바꼭질하고
딩공딩공
피아노도 치고

오늘은
개학 준비할까
예쁜 숙모 말씀에

숙제놀이하자며
쿵쿵 꽁꽁
다락으로 출동!

종알대던 소리
잦아들면
어느새 잠든
꼬마 숙녀들

바람이불 덮고
방학 꿈을 꾼다

김효주 시인

경력 약 12년의 전직 초등교사
브런치스토리 작가 (2020년~)
자유를 찾아가는 글쓰기 프로그램 운영(2021년~)
이화여자대학교 일반대학원 영재교육협동과정(석사) 재학 중
대구 수창청춘맨숀 공공예술 프로젝트
레지던시 입주 예술가(2024)
문학고을 신인문학상 수상
문학고을 등단 동시 부문

신작수필

박현희
신소윤
신경학
이용수
이상혁
정필령
정동진
정혜
정호

그랬구나! 그랬었구나!

박소현

　장애인 복지관 수업을 마치고 나왔다. 평소에는 젊은 남학생들이 짐(수업자료들)을 들어주는 서비스가 있었다. 이번에는 휠체어를 탄 중년 부인이 자신의 휠체어 앞부분에 짐을 실어주었다. 바깥 내 차가 있는 곳까지 가는데 휠체어를 조정하는 기술이 보통이 아니었다. 뒤에서 따라가며 와아~~~! 감탄사를 내지 않고는 안되는 상황이었다.
　"정말 대단하십니다." 감탄스러움을 표현을 하였다. "내가 운전 경력이 26년입니다." 자연스레 대화가 이어졌다. 차에 도착해서 짐을 싣고 우리는 한참 대화를 나누었다.
　26년 전이라면 아주 젊은 나이에 변을 당했다는 것이다. 교통사고였냐고 물었다. 아니었다. 정말 어이가 없는 사건이었단다. 아마도 그 당시 신문에도 나왔을 법한 이야기다. 담장 공사를 부실하게 해놨기에 옆을 지나가는 중 담장이 무너지면서 변을 당했다고 한다. 이야기만 들어도 가슴이 저려오고 한숨이 쏟아졌다. "얼마나 기가 막혔을까요?" 내 눈앞에 있는 중년 부인의 두 다리가 잘렸고, 그 당시의 상황을 들으며 나름 아픔을 공감한다는 표현을 했다. 어찌 그 상황을 공감한다고 할 수 있을까? 아니다 아무도 그 순간 그 심정을 공감할 수는 없을 것이다. 어쭙잖게 그래도 뭐라고 할 말이 없어 내뱉은 말이었다. 다음 순간 답이 더 어이가 없었다. 본인의 두 다리가 못쓰게 된 것은 아무것도 아니었단다. 두 아들의 다리가 못쓰게 되었다는 것이었다.

이 말이 무슨 말인지 나는 안다. 얼마 전 경험을 했다. 크게만 느껴졌던 아픔을 더 큰 아픔이 덮어주더라는 것이다. 두어 달 전 친정아버지가 돌아가셨다. 병고라도 있었다면 마음의 준비라도 있었을 것이다. 연세는 있으셨지만 노환으로 오는 잦은 병치레 말고는 잘 지내고 계셨었다. 어느 날 오후 그날의 일정을 마치고 차에서 잠시 쉬는 순간 모르는 번호의 전화가 왔다.

아버지 성함을 대며 딸이냐고 물었다. 벌써 머리끝이 쭈빗하였다. 무슨 일인지 누군지 어딘지 순서도 없이 황급히 물었다. 응급 차고 길거리에 쓰러져 피를 흘리고 계신 아버지를 지나는 객이 전화를 해서 응급차가 출동을 하였고, 병원으로 가는 길이란다. 허겁지겁 달렸다. 찾아간 병원 응급실이 환자를 받을 수가 없단다.

조금 먼 거리인 이웃 지역 병원으로 갔다. 가면서 남동생에게 연락을 했다. 이것이 바로 날벼락이라는 것이었다. 어떻게 달렸는지 잘 모르겠다. 내 정신도 혼미함을 느꼈다. 병원에 도착했을 때 이미 아버지는 대화는 할 수 없었고 위중한 상태였다. 마침 여동생은 외국에 나가 있는 상태라 연락을 할 수가 없었다.

　남동생이 도착을 하고 의사 선생님을 만났다. 아버지는 중환자실로 가셨다. 선생님 말씀은 뇌출혈이 있었고, 수술을 해야 한다고 했다. 그다음이 문제였다. 수술을 한다고 해도 정상적으로 회복된다고 할 수가 없단다. 수술 중 돌아가실 수도 있고 깨어나신다 해도 반신불수가 될 확률이 크다고 했다. 나는 두 번도 생각하지 않았다. "아닙니다. 수술하지 않겠습니다." 내가 야멸찬 사람일까? 순간적으로 생각이 들기도 했지만, 동생도 두 말을 하지 못했다. 친정어머니가 같은 현상으로 쓰러져 말도 못 하시고 인지 기능도 정상이 아닌 채로 누구의 도움 없이는 스스로 아무것도 할 수 없는 몸으로 요양원에 계신 지가 10여 년이 가깝다.

　아버지 살아생전 곧잘 하시던 말씀이 있다. 엄마를 병원에 데려가지 말 걸 그랬다, 는 말씀이었다. 누가 알았겠는가. 저렇게, 사는 것이 아닌, 세상과 상관없는 혼자만의 시간들 속으로 들어가실 줄을…….

　그랬다. 그러나 지금 우리는 알았기에 수술을 거부했다. 아버지마저 똑같은 상황을 만들 수는 없었다. 그냥 이대로 하나님께서 살려주시면 다시 아버지를 뵙기로 결정을 했다. 이틀의 시간이 지났고 아버지는 그냥 떠나셨다. 장례식 전 여동생이 돌아왔고 갑작스러운, 정말 어이없는, 전혀 예상조차 할 수 없었던 황망한 일 앞에 여동생은 오열했다. 그러나 더 어이없는 일이 일어났다. 슬픔을 마음껏 토해내지도 못하고 여동생이 머리를 부여잡고 뒤로 넘어갔다. 두통이 심하다는 것이었다. 여동생을 응급실로 보냈고 사진을 찍고 하였으나 특별한 증상을 발견하지 못했고 충격 때문일 것이라고 생각하며 집으로 보냈다.

아버지 마지막 순간까지 여동생은 집에 있어야만 했다. 그런데 아버지 장례가 다 치러지기도 전 조카딸에게 전화가 왔다. 병원이었다. 여동생 뇌에서 이상을 발견했다고 바로 병원으로 오라는 것이었다. 결국 우리 식구들은 다시 어이없는 상황을 접하게 되었다. 아버지 가시는 길에 크게 슬퍼할 겨를도 없이 더 큰일을 당한 것이다. 여동생 가족은 다 병원으로 갔고 우리는 아버지 장례식을 마쳤다.

조카딸이 전화가 왔다. "이모~~~" 평소보다 많이 침착하게 말을 하고 있었지만 전화기에서 나는 소리가 나를 떨게 하고 있었다. 엄마가 수술 들어가면서 유언을 했다고 한다. 혹 문제가 생기거든 연명치료하지 말고, 장기 기증하고 너희 아빠 교회 잘 데리고 가고 잘 부탁한다고, 했다는 것이다. "이모 잘될 거예요. 그런 일은 없을 거예요. 기도해 주세요." 애서 스스로를 잘 다스리고 있음이 느껴졌다. 지금 생각해도 그때의 조카딸은 장했다. 싶으면서 지금도 눈물을 제어할 수가 없다. 이렇게 더 큰일을 당한 우리 모두는 아버지의 죽음을 다 잊어버렸었다.

며칠이 지나고 여동생은 회복을 했고, 이제 죽을 뻔했던 동생이 살아난 것이 기쁘고 감사해서 싱글벙글이 되어버렸다. 사람들은 말한다. 아버지가 여동생을 살렸단다. 그리고 아버지는 복이 많은 분이란다. 90을 바라보는 연세에 며칠 앓지도 않고 가실 수 있었기에 복노인 이라고들 했다. 나는 잘 모르겠다. 무엇이 복인지 아닌지, 짧은 기간에 심장이 떨어지는 "쿵" 그리고 뛰기 시작하는 "쿵쿵"소리를 너무 많이 들었기 때문이다.

다만 오늘 내 짐을 옮겨주신 그 어머니의 사연이 잠잠해진 내 가슴을 다시 한번 아리게 한다.

본인의 두 다리가 못쓰게 되었음에도, 자신의 두 다리가 문제가 아니었다. 자식들이 쓰러져 있는 그 상황, 가히 이 문제는 짐작이 된다. 자식을 생각하는 엄마의 마음은 공감이 된다고 할 수 있을 것 같다. 가슴이 미어진다, 아니 아프다, 아니 아리다, 아니 쓰리다, 아니 그냥 미쳐서 울부짖는 포효만이 들려오는 듯 본적도 없는 그때의 상황이 머릿속에 그림으로 나타난다. 다음 시간에 만나면 장하다고 그것을 어떻게 이겨내었냐고 한 번쯤 안아주고 싶다.

그랬구나! 그랬었구나!

더 큰 아픔이 작은 아픔을 덮어 버리는 것이었구나.

그래서 사람들은 누군가를 위로할 때 더 큰일에 비하라면서 위로를 했었구나.

박소현 수필가

국제행복교육원 대표
(실버강사 교육전문 및 파견기관)
한국치매예방협회김천지부
펀펀힐링김천지사(푸드테라피수업)
박소현웃음치료센터 실버인지건강학교 원장
우리교회전도사
자격사항 사회복지사 2급
평생교육사 2급 한국어 교원 2급
치매예방 뇌인지학습 전문 자격 다수
한국열린사이버대학교 산업체 주임교수
저서 -
시니어를 위한 뇌인지학습지도서
문학고을 신인문학상 수상
문학고을 등단 수필 부문
문학고을 우수작가상 수상
제3회 청목문학상(작가대상) 수상
문학고을 시선집 다수

'행복' 만들면 되지

신경희

　운전면허증 갱신 문자가 왔다. 이 나이에 운전도 않으면서 갱신이 필요할까 망설이는데 남편과 아들이 면허증을 반납할 나이에 갱신은 해서 뭐 하느냐는 말을 했다. 순간 본인은 나보다 나이가 많음에도 운전을 하면서 내게 갱신을 하지 말라는 남편의 불평등한 말투에 짜증이 나고, 어미를 무시하는가 싶은 아들의 말림에도 화가 나서, '백세시대인데 일단 갱신을 해놓고 봐야지' 하면서 둘의 말을 일축했다.
　막상, 갱신을 하겠노라 마음은 먹었지만 남편과 아들의 말이 맞는 듯 장롱면허로 있는 것이 불편함으로 다가오고 갱신을 하려면 가야 하는 면허시험장까지의 거리도 만만치 않음에 귀찮은 생각이 들어 하루를 미루면서 할 것인지 말 것인지에 대한 여러 생각을 하느라 잠을 설쳤다.
　다음 날 아침을 준비하면서도 마음을 잡지 못하다가 갑자기, 이 나이면 어때 아무것도 할 줄 모르는 뒷방 늙은이로 있기보다 젊은 시절 자동차 운전은 했었다는 증거가 되는 면허증을 가지고 있는 것이 자존감을 세워주는 듯 여겨져 마음 바뀌기 전에 얼른 가야지 하면서 부지런히 경찰서로 갔다.

민원실 운전면허 관련 창구 앞에 가니 젊은 사람들도 있지만 나보다 연배로 보이는 분들도 몇분 계셨는데 나와 같은 장롱면허가 아닌 생업과 관련해 갱신을 하려는 듯 보였다. 한참을 기다려 안내를 받고 시력 청력 검사 등을 마친 뒤 신청서를 제출하고 나오는 발걸음이 무척 가볍고 큰일을 해내고 난 뒤에 갖는 성취감 같은 흥분이 일며 만족스러운 웃음이 나왔다.

젊은 사람들에게는 이런 내 모습이 늙은이의 쓸데없는 욕심으로 여겨지고 고령 운전자의 사고가 늘어나 각 지자체에서 노인들의 면허증 반납을 유도하는 분위기에 역행하는 듯 느껴지기도 하겠지만, 나뿐만 아니라 내 앞에서 생업에 필요해 갱신신청을 하신 분들을 생각해보면 노인들에게 돈을 줄 테니 면허증을 반납하라는 방식은 "늙은 사람들 돌아다니며 사고 치지 말고 집에서 그냥 쉬세요."라고 하면서 노인의 자존심을 깎아 내리는 듯 여겨지기도 해 면허증 반납 유도에 앞서 노인의 자존심을 세워주면서 사고를 막을 수 있는 다양한 연구가 선행되어야 할 것이다.

또한 우리 노인들도 백세시대를 살아가는 기본 조건으로서의 건강도 중요하지만 깨어있는 의식, 무언가를 하려는 적극적인 의지가 필요한데, 그런 면에서 오늘 내가 나 스스로를 격려할 수 있는 선택을 한 것이 자랑스럽게 여겨졌다.

　우리나라 65세 이상 노인 중 약 49.6%가 빈곤하다는 통계가 OECD에서 발표되었고 이는 OECD 국가 중 1위로써, 노인 인구 중 절반이 빈곤한 삶을 살고 있다는 것으로 고령층의 안정적인 생활 여건을 위한 대안이 시급한데 그 빈곤한 삶에서 더욱 비참한 문제는 질병에 걸려 있다는 점이다.라고 말하는데

　초고령화 사회 속 노인으로서 느끼는 경제적 한계는 삶의 질을 저하시켜 달팽이처럼 안으로 파고들면서 우울증으로 빠져들게 만들고 각종 질병에 대해서도 무방비로 있을 수밖에 없게 만든다. 그러므로 이렇게 무력한 노인 삶의 질적 향상에 대해 세상의 처분만 바라기보다는 스스로 강해지는 자강이 필요하고 자강을 위한 첫 번째 요소가 자신을 자랑스럽게 여기는 만족감이며, 만족을 느끼는 상태가 행복이라고 생각한다.

　나이 든다는 것은 세월을 이겨가는 것이고, 이긴다는 것은 삶으로 보여지는 것이기에 무언가 해내려는 의지를 가진 노인으로 지금 당장 불필요한 듯 여겨지는 운전면허증 하나에서 처절히 살았던 지난 시절을 떠올리며 만족하고 행복을 느낀다면 나는 이미 가난을 가난이라 말하지 않는, 정신적으로라도 빈곤을 벗어난 노년이기에 오늘 남편과 아들의 무시하는듯한 말투를 자극제로 삼아 더 자신 있게 '증'을 가진 행복한 노인으로 살아가기로 한다.

청곡 신경희 시인, 수필가

약력
54년 서울 출생.
숙명여자대학교 사학과 졸업
중등교사 퇴직, 전) 학교법인 이사
문학고을 신인문학상 수상
문학고을 시, 수필 등단
문학고을 고문. 자문위원
강원문협회원, 강원시조시인협회회원

*수상
문학고을 청목문학상(작가대상)수상
60+책의 해 글쓰기
보령 해변학교 전국 문학작품 공모전
강원 문협 시화전 우수상 수상
경북일보 이야기보따리(수필)
제9회 항공문학상수필 우수상 외 다수
공저 : 문학고을 시선집 1-15집
강원문학 55집, 강원문단4집
첫 시집- 『오메 어쩔까』 동인지 『오월에 피는꽃』
현) 문학고을 부회장

저 하늘에 핀 호박 꽃

신용윤

황산 죽바위 마을.

강남불댁 집 근처 빈 땅에는 모두 호박을 심어 늦은 봄부터 늦은 가을까지 동그란 호박들이 지천으로 피고 지고. 그 호박들이 강남불댁의 삶이었고 인생人生이었다.

강남불댁의 기구한 운명은 결혼 생활 내내 힘듦이 이어져 나갔고 1950년 후반쯤 강남불댁 아들은 중매로 신원 사는 밀양 박씨 선비 가문의 딸과 결혼을 시켜 같은 동네 아랫집으로 분가를 시켰다.

그후 남편과 어린 막내딸,이렇게 셋이서 살게 되었고 늦게 낳은 막내딸 때문에 한동안 동네 얼굴을 들고 다닐 수가 없었다.

아들과 막내딸.

나이 차가 거의 20살 차이가 났기 때문이다.

그럴 만도 한 게 큰집 조카(아들의 친구)의 딸과 같은 해에 태어났으니 오죽 창피 했겠는가. 그래도 그 사랑 다해서 풍족하진 않아도 막내딸을 고이고이 키웠다.

아들, 큰딸 시집가고 막내딸 의지하면 살아간 그 세월 속에 남편의 작은 부인이 한 동네 살고 있었고 사는 게 힘들었는지 아니면 다른 이유였는지 작은 부인은 남편 곁을 떠나 이사를 갔다.

인간사 새옹지마塞翁之馬라 했든가.

참 기가 막혔을 거라 생각이 든다.

여자로서 한 남자의 반쪽 사랑도 다 못 채우고 살았으니, 여자의 삶이 그러했고 조선의 보수적 사상이 그러하듯 그 시대 그 시절이어서 용납이 되고 용인이 될 수도 있었나 보다.

그 후, 같은 동네 사는 아들은 딸을 낳았고 무엇 때문이지 아들네는 자주 부부 싸움이 일어나곤 했다.

또한 남편의 행상 장사는 수입이 없는지 강남불댁한테 돈을 안 주고 아니 줄 형편이 그러 했는지도 모른다.

모든 먹을 건 자급자족을 해야만 했고 물론 시골이었으니 가능했고 아무렇게나 빈땅마다 심어 둔 호박이 지천에 널려 있으니 늦은 봄부터 가을까지는 그 호박으로 모든 걸 해결할 수 있었다.

그때는 식생활이 그런 삶이 당연했을 거고 그런 게 익숙한 타당한 이유였지도 모른다.

그 시대는 그 시절에는 그러했다. 딸을 낳고 3년 만에 또 아들 내외는 큰 아들을 낳고 부부금실 금방 좋았다고 강남불댁 막내딸이 오빠네 집 가니까 오빠 부부 호박 부침개 부엌문 잠가 놓고 묵고 있으면서 딸 같은 여동생 아는 척도 안 해서 그 당시 너무 서운해 했다.

어린 여동생 입장에서 그 얼마나 먹고 싶었겠는가.

먹으라고 좀 주지 그 부침개가 뭐라고, 참 서운함 두고 두고 기억할 텐데 말이다.

"인간의 태생은 착하나 살면서 그 착함이 삶에 거칠어지고 그 삶에 상처가 나기에 더 독해지고 욕심은 또 인간의 끝이 없는 욕망인 줄도 모른다."

그 후 다시 아들네 식구들 손녀 손자까지 화목한 가정으로 돌아오고 강남불댁 가정은 한 끼 한 끼 해결은 품삯 받아서 겨우 풀칠 수준 정도.

아들의 살림도 넉넉지 않아 엄마 사정 알지만 도움을 드리지 못하였고, 같은 지붕 한 가족이지만 남편과는 거리를 둔 부부 사이였다.

마음껏 사랑받고 싶은 그 시절 그때 노동의 필수라고 생각이 된 그 여성 강남불댁 그 고운 이름 임계순 당신은 그랬다.

"아니 그럴 수밖에 없었다."

여자의 일생 노래가 괜히 불러 지는게 아니다.

그 시대 여성의 애환들이 고스란히 묻어 난다.

"참을 수밖에요 여자이기에 참 슬프다."

그렇지만 그 시절이기에 참을 수도 있었다.

모든 여성은 아니 그 시절 여성은 그러한 인생을 그렇게 살았는지도 모른다. 아픈 지난 우리 선대의 불편한 유산임은 분명 자명한다.

그 후 가을 추수 무렵 아들 집 경사 또 생기고 둘째 손자가 태어났으니 강남불댁 입장에서 가진 건 없지만 내 손자이니 얼마나 좋아겠는가.

"허허둥둥 내 손자"

"두리둥실 내 손자"

먹을 호박이 지천으로 널려 있고 호박들이 탱글탱글 여물어 가는 그 계절에 고운 손자 그놈이 이 세상에 응애응애 하고 태워 났으니 삽작끝(대문앞) 돌담 위에 새끼줄 칭칭 감고 그 새끼줄에 빨간 튼실한 고추 네 다섯 개 따다 걸고 온 동네 알렸으니 그놈 울음소리 거창했고 강남불댁은 어하둥둥 또 손자 나왔다고 춤을 추었다.

그런 인생의 손자와의 만남은 운명이었고 그 운명은 인연으로 이어지고 그 인연에는 때론 무거운 책임이 따르기도 한다.

하늘나라 호박꽃 당신이 되어 가신 그분의 손자가 본인이다.

눈에 넣어도 아프지 않을 그 손자, 그 손자가 당신을 찬양합니다.

"이세상 잘 사시다 가셨습니다."

여자였기에, 엄마였기에, 할머니였기에 더 못다 한 이성의 용서容恕 그 베풀지 못한 그 사랑, 저 하늘에서도 아무 땅 그곳 지천으로 피어 있는 그 호박밭 만들고 호박꽃 피고 호박 열리면 그 동글동글 맛난 호박 따다 진한 된장국 한 그릇씩 그 정情그리운 모든 사람 또 다시 불러 함께 잔치할 내 할머니.

강남불댁, 임계순.

당신은 저 하늘에서도 예쁘게 핀 호박 꽃 당신이어서 손자는 행복합니다.

신용윤(황산) 시인, 수필가

초당대학교 졸업
초당대학원 석사
태권도 7단 (특전사 전역)
현)청라 라이온스클럽 회장
현) 인천시 서구 체육회이사
현)동양아파트 입대의 회장
문학고을 시 등단
문학고을 수필 등단
현) 태권도 관장

1979년 코스모스

이상학

  가을 어느 날 쪽실로 들어오는 신작로 코스모스가 흐트러 지게 피어나고 있었다.
  아침저녁으로 두어 번 다니는 완행버스가 일으킨 흙먼지는 주위를 덮어 버렸지만 코스모스는 제멋대로 흔들거렸다.
  그 무렵 쪽실 마을 회관 곁 방으로 잠시 기거하던 가족이 생겼다. 사십 대 중반의 부부와 열일곱 남짓의 소녀와 갓 열살 넘은 듯한 남자아이 이렇게 네 식구들이었다. 그들이 쪽실에 들어오면서 시작된 가슴 아린 인연이 시작되었다.
  먼산에는 붉은 단풍이 시작되었고 소녀와 오가며 마주친 눈빛으로 가슴떨림은 그해 가을 내내 이어졌다. 높디높은 하늘을 보고 바람 냄새를 맡으며 태어나 처음 느껴보는 두근거림은 떠있는 구름처럼 포근하였다.
  사랑 수채화를 그리기 시작한 첫 경험이었다.
  연모라는 것…….
  밤에는 별을 보며 행복한 꿈을 꾸었고 혹여, 얼굴 한번 힐끔 보는 간절함으로 하루하루가 설레이곤 하였다.

소녀의 아버지는 바싹 마른 체형을 가졌으며 많은 나이가 아닌데 등이 심하게 휘었다.

딱히 가진 기술이 없어 호구지책으로 기다란 대나무를 어깨에 메고 손에는 징을 두두리며 이곳저곳 돌아 다니면서 굴뚝 슈셔를 외치고 다녔다. 먹고살기 힘든 시절이라 굴뚝 청소 해달라는 집도 많지 않다.

얼굴 마주치는 횟수가 많아질수록 서로 눈인사에 미소까지 교환하였다.

자전거를 타고 읍내에 일 보러 다니는 그에게 들꽃을 한 아름 안겨 주기도 하였는데 웃음으로 그 꽃다발을 받으면 나는 날아갈 듯 기쁘고 행복했다. 가끔 쪽실 뒷동산에 올라갔다.

가재 잡아주겠다고 핑계를 대고 서너 시간을 말없이 같이 있었다. 점점 가을이 깊어 가고 하늘에는 고추잠자리가 떼 지어 군무를 하던 시월 어느 날 서울에서 총성이 울려 퍼졌고 온 나라가 뒤숭숭하였고 라디오에서는 하루 종일 무거운 노래가 흘러나왔다.

그 후로 나라가 혼란 속으로 빠져 들어갔다.

그 와중에 마을 회관 곁방 살이를 하던 소녀 부모도 살기가 여의치 않았는지 서울로 이사 갔다. 용달차 창문으로 나를 보던 그 소녀의 눈에는 눈물이 글썽였다. 짧은 인연과의 헤어짐은 소년을 한동안 아프게 하였지만 시간이라는 약은 그 역시도 치유해 주었다.

아주 오랫동안 잊고 지냈던 아스라히 잊혀진 그리움은

가슴속에 생체 이식 되어 온 계절의 바람향은 코스모스 피어있는 연정의 1979년 가을을 소환한다.

1979 코스모스/ 이상학

가을바람에 춤추는
너에게
가슴 시린 첫사랑의 향기가 난다

열일곱 더벅머리 소년에게
수시로
가슴 울렁거림의 병을 주었던
소녀의 향기를

세월이 흐른 지금도
너는 고이 간직하고 있었다

단발머리 출렁이던
어린 소녀의 춤처럼

너 역시 흔들렸고
순수하고 여리고 파리한 모습은
흰 것과 분홍,

빨강으로 다가왔다

꼭 , 이맘때가 되면
너는

아련한 기억 저편에서
첫사랑으로 되살아 난다
그 기억은 울렁거림으로 시작된다

이상학 수필가

1962년 진천 출생
시인의 정원 20집 공저
문학고을 신인문학상 수상
문학고을 등단 수필 부문
공저
문학고을 시선집

나는 빽(?) 자랑하러 출근한다
— 참을 수 없는 가방의 무거움…

이필수

2024년 새해.

눈 뜨자마자 월급통장에서 빠져나가던 자동이체를 정리했다.

그렇다고 해서 통장을 없애거나 그런 건 아니고 아이들에게 나가던 용돈, 생활비 보조, 핸드폰 사용료와 같은 몫을 다 정리했다. 누구처럼 20세가 넘은 아이들을 세렝게티에 던져두는 그런 대단한 결심은 아니었고, 아이들도 거의 서른을 바라보고 있고, 제 나름의 밥벌이를 하고 있어 가능한 일이었다. 다행스럽게 더 이상 나의 쥐꼬리만 한 경제적 도움이 그네들의 삶에 큰 도움이 되지 않다는 판단에 상호 합의로 끊긴 했지만, 왠지 8.15 독립을 맞은 듯 의미가 부여되고 뿌듯했다.

그리고 올해 4월. 아이의 선물로 이집트 여행을 같이 다녀오는 기회가 있었다. 이렇게 행복할 수가…. 아이의 이집트 친구가 동행해 주는 바람에 이집트 현지 가이드를 대동하고 여행을 다닌 몇 안 되는 멋진 경험을 하게 되었고, 석 달 만에 만난 내 아이의 성장은 나를 뿌듯하게 했다. 소소한 다툼이야 더 큰 즐거움에 덮여 이미 기억에도 없다.

　여행을 끝내고 아직 휴가가 남은 아이와 함께 귀국했다. 마침 우리가 이집트에서 출국하는 날이 라마단이 끝나 이드라는 이슬람 명절이라 택시조차 잡기가 어려운 날이었다. 즉 90% 이상의 이집트 사람들이 집으로, 고향으로 찾아들어 밖으로 돌아다니는 사람이 없다는 말이었다. 공항도 그 또한 같았다. 국제공항이라 하더니 카이로 공항조차 텅 비어 줄을 설 필요가 없었다. 비행기조차 널널하여 옆자리로 옮겨 앉아 누워 잘 공간이 생길 지경이니 말해 무엇할까?

　카이로 공항에서 한가한 면세점을 돌아다녀도 별 살 게 없어 이 사람 저 사람에게 막 던질 기념품 몇 개 담아 들고 이집트를 떠났다. 두바이 공항. 쇼핑하기 딱 좋게 만들어진 면세점을 돌며 아이는 자꾸 나더러 뭐라도 좋으니 갖고 싶은 걸 사라고 했다. 립스틱도 하나 샀고, 화장품도 많이는 아니지만 공항 가면 산다는 걸 나도 샀고, 작은 명함 지갑이 하나 있었으면 했지만, 막상 잡아 보니 머릿속에서 자동 환율계산이 되기는 바람에 도로 제 자리에 놓고 나오는데 뒤따라오던 아이의 얼굴이 일그러져 있다.

　사달이 났네, 났어.

　공항 의자에 앉아 커피를 마시던 아이의 눈에 눈물이 그렁그렁하다.

　왜냐고 묻고 말고도 없다. 그 눈물의 포인트는 이미 몇 번의 고비를 넘기면서 있어 왔던 일이라 일단 사과부터 했다.

'미안하다. 엄마가 명품이나 백화점 물건에 아직 익숙하지 않다. 그렇게 좋은 것들에 눈 돌리며 살 여력도 없었고, 또 갖고 싶어 욕심 또한 내 본 적도 없으니 가슴 아플 일은 아니라고⋯.' 내 맘을 안다는 아이는 그것도 속상하다고 했다. 지가 돈을 벌어 이제 엄마한테 근사한 선물도 할 수 있는데 도대체가 필요 없다는 말만 하니 맥이 빠진다고 했다. 진심으로 미안했다. 그런데 돌이켜 나도 내 아이들에게 그네들이 원하는 것들을 다 해주지 못하고 키웠다. 내가 생각할 때는 15%쯤 부족했을 것이고, 아이들의 처지에서는 40%쯤 부족했을 것이라 짐작한다. 그런데 인제 와서 아이들이 돈을 번다고 내 선물을 챙겨 받기는 염치없다는 생각이 들었고, 이젠 막 사회에 나서는 아이가 무슨 돈이 있다고 나도 망설여지는 지출을 할 것이냐는 생각이 앞서 아이를 막아선 것이다.

여차저차 아무것도 건진 게 없이 서로의 속 이야기만 주절주절하다가 한국으로 돌아왔다. 20여 일 일정인 휴가를 이집트에서 열흘 이상을 보냈으니 이게 겨우 10일 남은 시간으로 그동안 먹고 싶었던 음식 먹을 것이라 제법 바쁘게 보냈고, 비행기를 갈아타 가며 18시간이 걸려 제 직장으로 돌아갔다.

아이가 가고 서울에 있는 큰애가 주말에 진주까지 오겠다고 했다. 지난번 작은애 왔을 때 만났고, 또 조만간 내가 병원 진료가 있어 서울까지 갈 것인데 굳이 내려올 것 없다고 만류해도 일이 있어서 내려오는 것이니 신경을 쓰지 말라고 했다.

　금요일 퇴근해서 내려오는 길이니, 진주 도착하면 거의 오밤중이라 강아지까지 대동하고 역으로 마중을 나설 준비를 했다. 아이들이 집에 오는 날이면 강아지들까지 대동하고 역으로, 터미널로 마중 나가는 게 우리 집 규칙(이게 규칙이나 한 일인지 모를 일이지만…. 남편 혼자 보냈다가 세상 시끄러운 일이 몇 번 있었던 지라) 아닌 규칙인데 그날따라 배가 고프니 나더러 떡국을 좀 끓여 달라고 했다. 남편한테 강아지를 딸려 내보내고 서둘러 찹쌀 부꾸미도 두 개 남짓 만들고, 떡국도 좋아하는 재료로 준비했다. 몇 번이나 전화를 걸어 어디쯤인지를 확인하고 떡국을 넣을 준비를 할 때쯤 아이가 허둥지둥 먼저 들어서는데 손에 무슨 텔레비전만 한 가방이 들려져 있다. 저래 큰 쇼핑백에 뭘 담아 오나 싶긴 했지만, 일단은 아이를 안아주고, 떡국 끓일 것이라 부엌으로 돌아서는 내게 아이는 쇼핑백을 내밀며 내용물부터 확인하라고 한다. 아이의 짐가방이 아니라 내게 주는 선물이었다.

　그렇게 난생처음으로 나도 그 대단한 똥빽(?)이 생겼다.

　휴일을 지나고 출근길에 이걸 들고 나서야 하나 말아야 하나를 잠시 망설였고, 출근할 때를 제외하고는 여전히 에코백이나, 쌕을 어깨에 메고 다닌다. 내가 만나는 사람 대부분이 명품백을 들고까지 만나야 할 사람이 없고, 가봐야 절이고, 산인데 그걸 들고….

  화장품, 수첩과 책, 잡동사니를 넣은 가방은 무겁다. 빈 가방만 들어도 무거운데 이사하는 사람처럼 들고 다니는 나는 오죽할까. 그래도 나는 아침마다 그 가방을 들고 나선다. 내가 다니는 곳 중에 가장 많은 사람을 만나는 장소가 직장이니 가방 자랑을 하려면 이만한 장소가 없다. 자랑하기 딱 좋다. (그렇다고 화장실 가면서, 구내식당 갈 때조차 들고 다니지는 않는다.)

  오늘도 나는 가방 자랑하러 집을 나서며, '이왕 사줄 거면 좀 가벼운 걸로 사줄 것이지….'라고 생각만 한다. 그것도 혼자서만 한다. 말로 했다가는 애들이 오만 성질을 낼 것이 뻔하기에….

이필수 수필가

1971년 경남 진주시 출생
1988년 진주여자고등학교 졸업
1992년 경상국립대학교 졸업
1992년 4월 ~ 현재 : 진주시청 근무
문학고을 신인문학상 수상
문학고을 등단 수필 부문

리비아 대수로 공사

정동혁

아버지 사업 실패로 가정 형편이 힘들어 급여를 많이 주는 '동아건설'에 공채로 입사를 하였다. 그때 당시 동아건설은 꽤 높은 연봉이었는데, 리비아를 가면 국내 연봉의 2~3배를 준다고 하여 결혼 적령기가 지났음에도 신청을 해 1994년 10월 리비아 대수로 공사에 참여하게 되었다.

리비아 대수로 공사는 사막지대로부터 지중해 연안으로 물을 공급하여 사막을 옥토화시키는 야심찬 공사로 세계 8대 불가사의라고도 한다

난 완공을 앞둔 2단계 공사 (1,652km)를 관리하는 O/M (Operation & Maintenance) 본부로 발령을 받았다. O/M 본부는 아즈다비아를 본소로 하여 벵가지, 써트, 사리르, 타자보 4개의 분소를 두고 있는데, 카다피의 고향이고 휴양지라 불리는 지중해변의 '써트sirte'로 발령을 받았다.

써트 분소 한국인은 현장소장을 포함하여 관리직이 나까지 4명, 서무, 주방장, 의무, 운전 등 다 합해도 10명이 되지 않았다. 난 직책이 공구장으로서 밑으로 필리핀 엔

지니어 2명과 삼국인 (조선족, 타일랜드, 방글라데시, 베트남, 미얀마 등) 은 약 40여 명이었다.

  현장소장을 비롯하여 같이 근무하는 한국인들을 보면 집에서 보내준 아기들이 노는 비디오테이프를 보면서 그리움을 참아내고, 가요무대 같은 곳에 사연도 보내면서 이곳 생활에 적응하며 오랫동안 근무를 하고 있었다.

  리비아는 법으로 술, 돼지고기가 금지된 나라라 밖에서는 술을 먹을 곳도 먹을 수도 없다. 한국 사람이 몇 명 안 되나 보니 업무가 끝나면 소장 방에서 고스톱을 치면서 술 한잔할 때가 많다. 한번은 캠프 내에서 근무하는 리비아 군인한테 걸렸는데, 감방 가기 직전에 같이 근무하던 리비아 엔지니어가 구해줘서 풀려난 적이 있다.

  그 당시 리비아는 수입이 금지돼있어 자동차 및 타이어를 많이 뺏어갔다. 현장에 나간 팀이 자동차나 타이어를 뺏겨서 오가지도 못하고 어떨 때는 맨홀 속에 갇힌 적도 있다. 현지인들이 총을 들고 오는데 말이 안 통하고 답답하면 그냥 쏴버려 사망 사고도 많이 났다.

  나도 한번 총을 소지한 현지인들을 만난 적이 있다. 메인 관로에서 마을까지 바이패스 관을 연결하는 긴급공사로 컴컴한 밤에 라이트를 켜고 작업을 하고 있었다. 작업자들은 작업을 하고 있고 난 수많은 별들이 쏟아질 거 같은 밤하늘 풍경을 넋을 잃고 보고 있는데, 총을 들고 나타나서 뭐라 뭐라 하기에 차에 있는 거 다 가져가라고 손짓 몸짓 다했더니 쓱 둘러보고 그냥 간 적이 있다.

현장은 아스팔트 도로가 아니고 Haul Road로 간다. 아스팔트는 관이 무거워서 다 깨져버리기 때문에 흙으로 다진 도로로 운반한다. 비가 오는 Haul Road는 눈길보다 더 미끄러워 코너 돌 때 조심해야 한다. 내가 타고 다니던 차량은 무전기가 달린 소나타 하고 코란도였는데 특히, 코란도는 높이가 있어 더 조심해서 다녔다.

현장을 가다 보면 수많은 양떼들과 낙타들을 본다. 낙타가 도로 한가운데를 가로질러 갈 때도 있어 운전할 때 항상 조심을 했다. 그중에 카다피 소유의 낙타들이 있는데 낙타와 충돌 사고가 나면 사형이라는 말까지 돌았다.

리비아 엔지니어들은 유럽으로 유학 갔다 온 친구들이 대부분으로 마인드가 많이 열려 있었다. 업무는 영어로 어느 정도 대화가 됐는데, 깊은 대화는 내가 영어가 짧아 더 이어지지는 못했다. 한 친구는 우주의 삼라만상 등 고차원적인 말을 하기에 잘 이해가 안 된다고 했더니 나랑 더 많은 대화를 하고 싶은데 아쉽다고 했다.

Hand Over 시점에는 리비아 사람들을 데리고 현장업무를 가르쳤는데, 현장 가까이 사는 친구들이 있으면 집에 가서 같이 집 구경도 하고 밥을 먹기도 했다.

리비아는 돈이 있어야 결혼을 한다. 신부를 돈 주고 사와야 하며, 4명까지 둘 수가 있다. 두 번째는 첫 번째에게 세 번째는 두 번째에게 네 번째는 세 번째에게 동의를 얻어야 하며, 정해진 규칙대로 살아야 한다. 돈 없는 사람들은 결혼을 하지 못하는 경우가 많아, 수염 없는 남자들을 이성으로 보는 경우가 있다고 한다.

리비아는 해가 떠있는 동안에는 아무것도 먹지 않는 '라마단' 이라는 풍습이 있다. 라마단이 끝나면 축제 기간으로 우리나라 명절처럼 친척들을 찾아다니며 인사를 한다고 한다. 우리도 라마단 기간에는 가급적이면 리비아 사람들이 있는 곳에서는 먹는 것을 피한다. 밖에서 걸리면 잡혀가기도 한다.

써트에서 약 1년 4개월 정도 지난 후 아즈다비아 기획 업무를 맡고 있던 선배가 귀국을 해서 그 후임으로 가게 되었다. 아즈다비아로 간지 얼마 지나지 않아 비통한 소식이 날라들었다. 비가 많이 와서 공장에서 같이 근무하던 기계직 선배와 토목 과장이 현장에 문제가 없나 확인하러 갔다가 마주 오는 차를 피하다 차가 전복이 되어 선배는 하늘나라로 가고 토목 과장은 반신불수가 되었다. 아즈다비아로 안 갔으면 내가 사고 날 뻔했던 상황이었다.

아즈다비아는 본소라 한국인들이 많이 있었고, 모든 시설과 규모가 써트보다는 엄청 컸다. 써트가 한국인이 몇 명 없어 가족적인 분위기였다면, 아즈다비아는 같이 운동할 수 있는 사람들이 많아서 좋았던 거 같다. 업무가 끝나면 매일 테니스 치고 등나무 밑에서 드럼통에 숯불을 피워 양갈비를 먹는 게 큰 낙이었다.

이곳의 기후는 지중해변이라 모래바람이 부는 시기만 빼면 쾌적해서 지내는데 힘들지는 않았다. 사리르나 타자보 같은 사막 쪽으로 출장을 가면 아즈다비아보다 온도가 높아 더위를 참기 힘들기도 했다. 사막에서 열풍이 불어오면 창문을 청테이프로 다 막아도 어떻게 들어오는지 가는 모래가 쌓인다. 온도는 40~50도씩 되지만 습도가 없어 그렇게 덥게 느껴지지는 않았다.

우리 본부에는 각 지점마다 어마어마하게 큰 저수조가 있다. 관을 통해 흘러오는 물을 저장해 놓았다가 필요할 때 공급을 해주는 용도이다. 일정 기간마다 저장해 놓은 물을 다 빼고 청소를 하는데, 물을 빼고 나면 물고기가 어마어마하게 많다.

아무것도 없는 사막에다가 지은 저수조인데, 아마도 새들이 물고기를 잡아먹고 배설을 하여 생긴 거라고 추측이 된다. 잡은 물고기들은 양이 너무 많아 타캠프로 보내주곤 하는데, 삼국인들이 서로들 자기 거라며 싸우고 칼부림이 나기도 했다. 청소할 때 사다리가 넘어져서 사고로 목숨도 잃기도 하고 정말 예기치 않은 사고들이 많았다.

아즈다비아에서 열심히 생활하다 보니 어느덧 8개월이 훌쩍 지나가서 귀국하게 되었다. 난 처음부터 딱 2년만 근무하기로 마음을 먹었기 때문에 망설임 없이 더 연장을 안 하고 귀국 길에 올랐는데 2가지 방법이 있었다. 바로 전세기를 타고 귀국하는 방법과 스위스로 가서 2박 3일 여행하고 들어가는 방법이 있었는데 난 스위스를 경유해서 가는 방법을 택했다.

알프스산맥의 줄기인 '리기산'에 갔다. 케이블카를 타고 올라가 보니 눈이 무릎 이상까지 덮을 정도로 쌓여있었고, 온 세상이 온통 하얀색 천지로 난 그 아름다움에 한참 동안 넋을 잃고 바라보며 겨울의 정취를 만끽했다. 리비아 사막에서 보낸 2년이라는 시간이 헛되지 않고, 좋은 추억만 기억되고 희망찬 내일을 기대하게 해주는 포근한 풍경이었다.

1996년 10월 무사히 국내에 도착을 해서, 근무했던 천안공장 설계팀으로 복귀하게 되었다. 설계팀에서 근무 중인 지금의 아내를 만나 결혼까지 하게 되었고 지금까지 행복하게 잘 살고 있다.

정동혁 시인, 수필가

경기도 안성 출신
인천대학교 기계공학과 졸업
前) 동아건설산업(주)
前) 대우건설(주)
現) 보성파워텍(주) 상무이사
2024 문학고을 시 부문 등단
2024 세계문학예술 수필 부문 등단
〈수상〉
2024 문학고을 시 부문 신인문학상
2024 세계문학예술작가협회 수필 부문 신인문학상
〈공저〉
문학고을 선집 제14집 여름
세계문학예술 여름 통권9호

여름과 봄 사이

정혜령

예쁜 아이 하나가 이 세상으로 오고 예쁜 아이 하나가 이 세상에서 떠나갔다.

나뭇가지마다 물이 오르며 자연이 화려한 봄을 은밀하게 준비하고 있을 때 선물 같은 아이가 하나 왔다. 오 륙 년 전 결혼했던 딸아이가 그간 기다리던 아기가 태어난 것이다. 어느 가정이나 어린아이는 크나큰 행복이다. 아이가 전파하는 주변의 희망과 사랑 행복의 에너지는 이루 말할 수 없을 정도로 큰 파급력이 있다. 아이를 안 낳으려는 현 세태의 젊은이들이 안타까울 따름이다. 그 이유인즉슨 많은 기회비용을 잃는다는 것에 큰 방점을 찍는 것도 같고 교육과 점차 커지는 그 비용에 대한 조바심 그런 것도 큰 이유겠다.

옛말에 태어나는 아이들은 제가 먹을 것을 다 가지고 나오니 걱정 없이 키우기만 하면 된다는 말이 있다. 지금 세대에 그런 말을 꺼냈다가는 사방에서 말도 안 된다며 치도곤을 당할 게 뻔하다.

안아주기도 조심스러운 갓난 아기인 손주를 바라보고 있자면 살짝 웃기만 해도 간이 간질간질 해진다. 그간 어린 손주를 예뻐하며 어쩔 줄 모르는 주변의 지인들을 보며 무슨 그런 호들갑인가 싶었다. 그 마음이 이제는 한편 이해되기도 한다. 같은 입장이 되어봐야 고개 끄덕일 수 있는 일들도 있는 모양이다. 하루가 다르게 커가는 아기를 보자면 그 귀여움에 푸근한 미소가 절로 나오는 날들이다.

반면 우리 집에 온 지 십오 년 가까이 된 말티즈 강아지 몽실이가 많이 아팠다. 동물 병원에 데리고 가 검진을 받으니 암 덩어리가 폐 옆에 크게 자리 잡았단다. 나이가 있어 수술하기도 어렵고 병원에서는 해줄 수 있는 게 아무것도 없단다. 좋아하는 산책과 간식을 챙기는 거 외엔 말이다. 그 선고 이후 마음 편할 날이 없었다. 시한부를 사는 아픈 강아지를 옆에서 지켜보는 마음의 고통은 이루 말할 수가 없다. 마음에 돌덩이 하나 얹어놓고 사는 느낌이랄까.

십오 년이라는 길고 긴 세월 낳은 지 한 달 만에 우리 집으로 와 아이들과 함께 자란 강아지가 이제 큰 병을 얻고 노쇠해졌다. 출가한 딸네 가족들과 아들네는 때때로 강아지를 보러 와 눈물 바람들이다. 강아지가 가기 전에 더 보겠다며 그간 함께 흘러온 세월만큼 쌓인 정이 흐르는 눈물이 된 것이다. 함께 산책을 시키고 사진을 찍으며 그래도 우리 강아지가 장수하는 거라며 서로 위로하는 가족들. 이별을 목전에 둔 사람들은 그 슬픔이 얼마나 큰지 가슴으로 느낀다.

강아지 하나 아프다고 웬 유난을 떠냐며 반문하는 사람들도 있을 것이다. 키워보지 않은 사람은 이해 못 할 것이다. 왜 반려견이라 칭하겠는가. 가족인 것이다. 사람과 동물이라는 선을 가르기 전에 가족이라는 정을 주고받는 존재이므로 교감이라는 감정으로 서로 소통하며 뭉게뭉게 피어오르는 사랑을 느낄 수 있는.

강아지는 폐 쪽으로 오는 암이다 보니 갈수록 숨 쉬는 것을 힘들어했다. 아이들은 힘들어하는 강아지가 안쓰럽다며 편안하게 안락사라도 시키자 하는데 아직 눈을 마주치고 가족들이 귀가하면 힘들게 숨을 쉬는 와중에도 현관으로 달려가 꼬리 흔들며 반겨주는 아이를 어떻게 인위적으로 그렇게 할 수 있단 말인가. 이제 먹는 것도 거부하며 하루하루를 준비하는 듯하다. 아이들이 모두 다녀 간 다음 날 우리 강아지는 보고 싶은 사람들 다 보고 제 할 일을 다 끝냈다는 듯이 갑자기 저 멀리로 떠나갔다. 처음에 올 때도 아기 강아지로 내 품에 안겨 왔는데 떠날 때도 내 품에 안겨서 갔다. 그날 하늘도 슬픈 듯이 비가 눈물처럼 흘렀다. 가슴 아픈 시간이 기어코 오고야 만 것인데 눈물인지 비인지 슬픔을 닦아가며 몽실이가 좋아하던 산책로인 계수나무와 자작나무 숲길에 유골을 뿌렸다. 이제 아프지 말고 좋은 곳에서 행복하라고 기도하며.

어떠한 관계던 언젠가는 이별이라는 슬픔의 변곡선이 대전제로 깔려 있다. 그렇다 해서 슬퍼하며 코 빠뜨리고 다닐 일은 아니다. 겸허히 받아들이며 최선을 다해 살아가면 되는 일이다. 함께 정을 나누는 관계들 속에서 이별이라는 경험을 하게 되면 쉽사리 정주기가 겁이 나기도 하지만 그래도 사람이 살아가는 세상에서 무정함이란 그 얼마나 삭막한 일인가.

 이번 봄과 여름 사이에 일어난 일들이 타인에게는 그저 그런 일들이겠지만 나의 개인사에 있어서는 큰 획을 그은 일들이라 여겨진다. 지나고 나면 또 사소한 듯 흘러가게 되겠지만 말이다. 슬프기도 기쁘기도 했지만 그것이 살아가는 일이려니 여기며 오늘과 다가올 내일을 기쁘고 후회 없이 살아내면 될 일이다. 구름에 가려졌던 해가 반짝하고 나와 눈부시다.

정혜령 시인, 수필가

서울 출생 국문학 전공
월간 시사문단 시,수필 등단
문학고을 수필 등단
한국시사문단자가협회 회원
한국예술인 복지재단 예술인 작가
북한강문학제 추진위원
제17회 빈여백동인문학상 수상
제19회 풀잎문학상 수상
수필집 - '모든 순간이 다 좋았어' 공저
제17호 '봄의 손짓' 공저
제1회 청목 문학상(작가대상) 수상
문학고을 시선집 다수 공저
에세이집 -
'행복이라는 주파수에 달콤해지는 인생'
현) 문학고을 수석고문 및 등단 심사위원

육아우울증과 번아웃 그 외

정호진

　월, 화, 수, 목, 금, 토, 일,을 살아내는 것… 1년 365일은 월화수목금토일을 살아내는것… 월화수목금토일은 반복의, 시간의 무지개 어느 책에서, 행복한 사람은 시계를 보지 않는다, 라고 했던 제목이 살아가면서 내 머릿속에 한번씩 타이핑되는 익숙한 문장이 되어버렸다. 적어도 나에겐 어렸을적이나 학창시절 등 청춘시절이라 할수 있는 나이에는 굳이 행복이란 단어나 흘러가는 시간들을 깊게 생각해보거나 회상하거나 그런 개념조차 가지고 있질 않았다. 당연히 그럴것같기도 하거니와 그렇게 고민없이 걱정없이 자연스럽게 살아가기도 했는데 그런 세월이 어느순간 다 흘러가고 나이가 들고 결혼하게 되고 아이를 낳고 겪어야 할 인생살이를 어영부영이라도 살다보니 이제는 어느덧 벌써 이렇게 살아왔나 할 때가 있다. 첫째를 낳고 육아를 하고 그 다음에 둘째를 낳고 다시 또 육아를 하고 나에게 있어 둘째는 나란 인간의 한계를 넘어선 것 같은 큰 일을 이루어낸 정도였다. 어려서부터 5남매 중의 막내로 무엇이든 받기만 하는 형태로 살아온 삶이기에 거기에 깜냥 또한 넓고 무엇이든 거침없이

할 수 있는 인간의 체질이 아니기에 내가 누군가를, 어떤 한 생명체를 키운다는 것 자체가 정말 실천하기 부담스러워하는 내자신이었다. 첫째가 태어났을때도 저 생명체를 내가 어떻게 키울수 있을까 하는 생각에 눈물부터 터져나왔었다. 하물며 둘째는 상상조차 못 할 지경이었다. 내가 양쪽에 아이 둘을 거느리는 아줌마가 될 수 있는 스케일이 될 수 있을까부터 의심하며 나의 한계를 미리 선을 그으며 그런 팔자는 되지 못할 인간이라고 확정짓기도 했었다. 물론 결론적으로는 내 예상과 달리 반전을 이루었다고 해야할까? 어찌어찌해서 아이 둘을 키우는 애둘 엄마가 되고야 말았지만 둘째 낳고서도 나의 현실을 실감하지 못하는 듯 내 자신이 놀라웠다. 나도 남들처럼 애둘 정도 키울 수 있는 인간이었나 생각에 기쁘면서도 만감이 교차할 지경이었다. 하지만 그런 감정들도 잠시, 첫째는 첫째여서 멋모르고 키운다는 말도 있긴하지만 정말 겨우 키우긴했다. 그런다음 한참만에 다시 둘째를 키우며 첫째와는 또다른 육아를 맞이했다. 둘째는 그야말로 코로나육아였다. 출산 후 얼마 있지않아 코로나 전염병 유행이 발생하여 새로운 국면에 맞닥뜨렸다. 19년생이기에… 무슨말이 더 필요할까? 일명 코로나 아기… 생전 처음 겪어보는 상황속에서 아이를 키운다는게 또 다른 인생의 풍경이었다. 물론 개인적으로 세상만사 장단점이 있는것도 느낀 해들이었다. 새해를 맞이 하며 장점도 단점도 내 위주로 해석하며… 그 와중에 잘 버티긴 한 것 같다. 지나고보니 옛말에 한 어미 자식이어도 아롱이 다롱이라고 첫째는 그런대로 쉽게 키운반면 둘째는 속된 말로 분노조절장애를 생기게 하는 나를 힘들게 하는 아이였다.

코로나시대의 답답한 현실에서 아이를 키우다보니 나의 밑바닥까지 들키게 하는 육아였는지 모르겠다. 정말 그야말로 하루하루의 연속이 감옥 아닌 감옥 같은 일상생활로 이어졌다.

왠만해선 외출하는 일을 자제할 수 밖에 없는 상황에서 한정된 공간의 집 안에서 지내는 시간들이 길어지다보니 아무리 예쁜 내 아기를 키우고 있어도 육체에 사리가 쌓이듯 어느 순간에 답답함과 고립감과 무력감 등 내 몸을 온통 감싸는 것 같았다. 아마도 먼 훗날 어느 순간에 쌓였던 것들이 폭발할 지도 모를 것이었다. 그 와중에 한달에 두 번 정도의 주말에 마트 장보기가 그나마 콧바람 쐴 수 있는 면회 같은 시간이 되었다.

그마저도 코로나시국에 입장을 하기 위한 절차 같은 것들이 불편하긴 말도 못했다. 그렇게 저렇게 시간이 흘러 마침내 코로나가 끝나갈 즈음이 되어 아이는 어린이집에 갈 나이가 되어 심신이 지쳐 기진맥진 되기 직전인 나에게 다행히 숨실 여력을 만들어 주었다. 아, 이제는 내가 바깥공기를 마실수 있겠구나, 체질에 안맞는 커피도 마구 먹어봐야겠다 작정을 하고 싶을 정도로 한편으로 혹을 뗀 기분이었다.

하지만 또 그것도 나의 착각, 둘째 아이는 시간이 흘러도 육아가 계속 그 자리에 정체 된 듯 수월해지지 않는 아이였다.

수개월 쑥쑥 자라면서도 기질이 너무 꼬장꼬장해서 어느 날은 나를 오열하게마저 만들었다. 요란법석 떼쓰는 아이를 감당하기에 내가 그 동안 너무 지쳐있었는지 애 앞에서 대성통곡 하며 아이를 붙잡고 눈물을 하염없이 쏟아붇고서는 택시를 타고 남편 회식하는 근처까지 갔었다. 무슨 원망이 컸던건지 정신없이 휘몰아친 한바탕을 한 하루였던 듯 하다.

그렇게 계속 코로나 시작부터 육아를 힘겹게만 하다보니 호리호리했던 몸은 코로나 확진자가 되어서 그나마 체격이 전보다 후덕해졌긴 했어도 내 체력과 정신력은 더이상 온화하게 버틸수 없었나보다. 평생 고질병인 듯 한 우울감에 코로나 육아가 크게 한 몫을 하고 퍽하면 소리지르는 홧병까지 기세등등해져서 처녀적의 얌전했던 여자의 면모는 온데간데 사라지고 말았다. 시간은 흐르지만 성격은 계속 변화하고 결국 번아웃마저 오는 듯이 나는 기운이 쇠하고 말았다. 살얼음 같고 힘겹기만 하는 하루하루가 너무 슬퍼서 마음이 답답하고 시간과 세월이 앞서가기만을 기다리는 여자가 되어 있었다. 지금도 완벽히 끝나진 않았지만 한참 피크였던 때보다 조금은 내 감정을 추스르고 있는 시점이 되고 있는 것 같다. 아이가 어느 정도 큰 미래에는 이 때의 일과들과 사진들과 추억들이 또 하나의 힘과 재산이 되어줄거라 위안을 삼아 보며 나자신도 회한을 풀었으면 한다.

정호진 시인

1978년 전북고창 출생
서울 거주
원광대학교 독어독문학과 졸업
문학고을 신인문학상 수상
문학고을 등단 시부문

신작소설

남 기 선

아내는 태국의 공주님

남기선

1.

전날 친구와의 과음 탓일까? 새벽에 일어난 규섭은 정수기의 냉수를 연거푸 벌컥벌컥 들이 마셔대기 시작하였다. 입에서는 아직도 술 냄새가 진동을 하고 있었고 화장실에 비친 그의 얼굴은 푸석푸석하여 볼살이 푹 꺼진 그야말로 영락없는 중늙은이의 몰골이 되어 있었다. 거울 속에 비친 자신의 모습이 웬지 본인에게도 꽤 낯설어 보였다. '석준이 이놈 어디서 또 그런 썩을 년들을 나를 소개시켜 준다고……' 규섭은 미간을 찌푸려가며 못마땅한 듯 혼잣말로 씰룩거렸다.

화장실에서 나온 규섭은 홀로 쇼파에 앉아 믹스커피를 한잔 마셨다. 평소 아메리카노를 즐겨 마시지만 오늘 아침은 목도 컬컬하니 웬지 달달한 믹스가 입에 댕겼다. 그제 사 조금 정신이 나는 것 같아 시원한 물에 세수를 하고 잠시 휴식을 취하며 어제 일을 잠시 생각해 냈다.

어제는 신촌에서 공인중개사로 일하고 있는 40년 지기 대학 동창 석준과의 덕수궁 앞에서 만남이 있었다. 그가 어찌어찌 알게 되었다는 여자 후배와 함께 네 사람이 만나기로 한 자리였다. 그냥 낙엽이나 밟으며 깊어가는 가을바람을 쏘이자 하는 녀석의 꾐수에 또다시 의미없는 헛걸음을 하고 말았다는 생각에 사뭇 어처구니가 없었다. 언제나 형편없는 여자들만 데리고 나오는 석준의 실력을 알기에 이번에도 규섭은 역시 별로 구미가 당기지는 않았지만 녀석의 끈질긴 부탁이기도 하여 어쩔 수 없이 또 만남의 자리에 나가고 말았던 것이다.

자기의 부동산거래상 알게 된 여성이 좋은 상가를 소개해줘 고맙다는 취지에서 식사를 산다 하여 만나는 자리인데 후배랑 같이 나오기 때문에 내가 부득 같이 가야 한다는 것이었다.

녀석은 도대체가 섹스에 목을 맨 인생 같아 보인다. 그도 그럴 것이 와이프와 헤어진지가 오래되고 자식 없이 혼자 살다 보니 시쳇말로 세상의 낙이 없는 것이다. 고상하게 사는 방법도 없진 않을 텐데 녀석의 탈출구는 오로지 여자를 만나 일회성 욕구를 해결하는 그것에 집중되어 있어 보인다. 하지만 규섭은 그런 석준의 성향이 마음에 좀 거스른다.

규섭 또한 비록 50대 후반 중년의 싱글이긴 하지만 석준의 경우와는 입장이 다르다. 석준이 본인의 바람기로 인하여 아내와 이혼 하였다면 규섭은 사랑하는 아내가 담도암으로 어쩔 수 없이 사별한지 이제 3년이 조금 넘고 그런 아내를 아직도 못잊어 하는 아린 마음이 남아 있기 때문이다.

규섭은 대학원에서 박사까지 마친 나름의 학구열에다 어느 정도 외국어 실력도 갖추고 있으며 외모도 준수한 편이다. 좋은 직장을 다녔으며 요즘은 늦으막이 등단한 작가 이기도 하다.

그는 요즘 작으나마 새로운 사업에 몰입해 있으며 작가로서의 늦은 출발에도 매우 설레이며 만족해하고 있다. 그리고 장성하여 출가한 3 명의 자녀들 에게는 존경받는 아빠로서의 모습을 본 보이고자 무던히 노력하는 편이다. 그런 그에게도 문득문득 찾아오는 아내에 대한 그리움과 홀로된 가슴 시린 외로움 등은 어쩔 수가 없다.

오후에는 잠시 산책을 다녀와 고등학교 친구인 삼현과 여의도에서 만나기로 약속되어 있어 하고 있던 일을 마무리 짓기 위해 컴퓨터 앞에 앉았다. 그는 건축공학을 전공한 공학도 인데 국내 랭킹안에 드는 건축회사의 중역을 지냈으며 요즘은 감리 전문으로 자기의 전문직을 활용하며 나름의 시간과 여유를 갖고 친구들과의 등산도 함께하며 여가생활도 즐기고 있다.

2.

외출에 앞서 이리저리 휴대폰을 살펴보던 규섭은 페이스북을 잠시 들여다보게 되었다.

오늘도 많은 여자들이 친구 요청을 해왔다. 주로 2030대가 주류인데 그런 여자들 사이에서 규섭의 시야에 웬 낯익은 듯한 중년의 여성 사진이 하나 눈에 띄었다. '가

만 이 여자 어디서 낯이 익은데…… 누구더라 일본 여자라고? 어디서 많이 보았는데 누구지?'

규섭은 일단 프로필을 잠시 살펴보았다. 프로필에는 도쿄에 살고 있는 50대의 일본 여자로 이혼녀 게이코라고 되어 있었다. '게이코라?……'

빼어난 미모에 귀티가 함께 있으며 중년의 원숙미마저 보이는 이 여인에 규섭은 순간 약간의 호기심이 발동하기는 하였으나 워낙 페이스북을 믿지 못하는 상태인지라 이내 별다른 관심 없이 일단 친구 수락만 하여둔 상태에서 가방을 챙겨 삼현과의 점심 약속이 있는 여의도로 가기 위해 주섬주섬 옷을 걸쳐 입었다.

전에 모 신문사에 인천지사장으로 있던 삼현 친구는 치매를 앓고 있는 와이프의 병간호로 고생이 많은 친구다. 규섭이 자주 만나는 친한 친구 중 한 명인데 성격이 워낙 밝고 장난기 많은 친구이다. 만일 와이프만 아프지 않았다면 집에 붙어있을 친구가 아니다 풀풀 날아 외국이며 사방팔방 다닐 친구인데 그 사정도 적잖이 딱하기는 하다. 그러나 워낙 친구를 좋아하고 천성적으로 유쾌한 친구이다. 그런 친구의 얼굴에도 이따금씩 언뜻언뜻 수심의 그림자가 스쳐간다. 약속장소에 삼현이 먼저와 있었다.

"어 잘 지냈어?"
"응 그래 와이프 좀 어떠냐?"

"매일 그래 그런데 점점 안 좋아 지는게 눈에 띄게 보여 걱정이 많다. 어제는 헛것이 보이는지 계속 허공에 대고 무어라 혼자 떠들고 자꾸 누가 화장실에 있다며 안 들어가려 해서 정말 큰일이다. 간병인도 이제 한계에 부딪혔는지 못하겠다 하고"

"자, 소주나 한잔하자" 규섭은 삼현을 데리고 여의도역 주변 단골 설농탕집으로 향했다.

규섭이 자주 가는 나름의 맛집이다. 국물이 진하고 고기는 부드러워 소주 한잔하며 식사에 그만이다. 삼현의 얼굴에 다시 어두운 그늘이 스쳐 지나간다. 워낙 낙천적인 성격의 친구도 요즘 사는게 사는게 아니라며 우울증을 호소해 왔다. 규섭은 그런 친구를 위로하며 소주를 꾹꾹 담아 한잔 권했다. 그 마음을 충분히 이해하고도 남는다. 나이 들면 어느 누군들 건강을 자신하며 건강에 대해서 자유로울 수 있을 것인가?

술잔이 오가고 어느 정도 취기가 올랐는지 삼현의 얼굴이 조금 밝아져 보인다.

규섭은 속으로 친구에게 이렇게 말하고 있었다. '친구야 지금 내가 너를 위로할 처지가 아니라 너는 그래도 마누라라도 있지만 사랑하는 아내를 먼저 보낸 나의 마음은 오죽하겠니? 얼마나 시린 줄 아냐 이놈아 이 철딱서니 없는 놈' 하며 알딸딸해진 한잔 술 탓일까 고개를 숙인채 삼현을 물끄러미 바라보았다. 규섭은 3년 전 먼저 간 아내를 생각할 때마다 아직도 불쑥불쑥 보고 싶고 마음 시리며 그리운 맘 절절하다.

"그래 힘내라" 규섭은 삼현의 손을 꼭 잡으며 "다음 주 우리 관악산에서 산행하며 건강을 다져보세 무엇보다 자네가 건강해야 하네 친구"하고 힘을 북돋우어 주었다. 삼현과 헤어져 돌아오는 길에 집 근처 한강이 내려다보이는 조용하고 운치 있는 명수대 정자에 올랐다. 멀리 유람선이 유유히 오가는 한강의 풍경은 서울이지만 아름다웠다. 그사이 추적추적 내리는 늦가을 비에 단풍잎이 떨어져 공원의 벤치며 나무다리에는 예쁘게 가을 물이든 단풍이 수북이 쌓여가고 있었다.

3.

삼현과 헤어져 다시 들어온 집안은 고요했다. 규섭은 침대 위 아내와 남원의 광한루에서 함께 찍었던 사진을 어루만지며 물수건으로 액자를 정성스레 닦아냈다. 사진 속의 아내는 오늘도 해맑은 모습으로 규섭과 팔장을 꼭 낀채 환히 웃고 있었다.

'정말 아까운 사람인데…… 갔어도 내가 먼저 갔어야 하는데 아이들한테도 그렇고……'

규섭은 지금도 살아생전 아내와 주고받았던 많은 대화를 잊을 수가 없었다. 냉장고를 열고 마시다 만 막걸리를 꺼내어 신김치와 고추절임을 안주 삼아 한 사발 벌컥 들이켰다. 시원한 막걸리 줄기가 목을 적시고 가슴까지 시원스레 축여 준다. 무언가 어딘가 헛헛할때는 이렇게 한 모금씩 마시는게 언제부터인가 습관이 되어 있었다.

 규섭은 나이는 들었어도 매우 바쁘게 살고 있다. 사업에 관한 일과 독서 및 신문 등 정보를 훑으며 10여 년 이상을 꾸준히 이어온 어학 공부 등 24시간이 모자란다. 어쩌면 모든 것을 내려놓고 편안히 사는 법도 있으련만 규섭은 한시도 자기 계발에 미적거리거나 안주해 본 적이 없다. 일종의 성격 탓이다. 가만히 있는 그 시간은 웬지 삶이 정체가 되어 존재의 의미가 없을 것 같았다.

 규섭은 잠시 소파에 앉아 다시 커피를 한잔 마시기 시작했다. 담배를 피우지 않는 그는 무언가 휴식을 취하거나 골똘히 생각을 정리할 때 커피를 마시곤 한다.
 이번 달은 또 얼마가 나가야 하나 규섭은 휴대폰을 집어 잔고를 확인했다. 많지는 않으나 그래도 정해진 날이면 꼬박꼬박 들어오는 연금 탓에 비교적 안정된 노후를 보내고 있다.
 "에휴 이놈의 경조사가 사람 잡는다. 나이 들어서 왜 이리 경조사가 많은지" 늙어서는 정말 크나큰 부담인 것이 경조사였다. 벌써 이번 달만 30만원이 나갔다. 아는 처지에 안 하면 찜찜하고 일일이 다하자니 부담스럽고 규섭은 혀를 끌끌 차며 보던 휴대폰을 침대에 던져 버리고 벌러덩 대자로 누웠다. 그때였다. 휘리릭~ 하고 휴대폰에서 알림 소리가 났다. 문자인 줄 알았더니 반갑지 않은 페이스북의 메시지 소리였다. 그동안 몇십명 밀린 친구 요청을 오늘 몇 명을 선별해 수락했더니 또 어김없이 메시지가 날아든다. 답변하면 자꾸 계속되어 규섭은 안녕하세요? 반갑습니다. 정도의 인사만 나누고 그 이후는 귀찮아서 메시지 전송이며 답변을 아니한다. 쓸데없는 문자를 주고받다 보면 아무 일도 할 수가 없게 되기 때문이다. 국내 여자라면 만나도 보겠다만 외국의 여자들과 문자 주고받아 본들 만날 가능성도 별로 없이 영양가 없는 짓이라는 걸 규섭은 잘 알기 때문이다. 그러면서 규섭은 누가 보낸 것인지 잠시 어보기 시작했다. 오늘도 여지없이 대여섯 명의 여자가 메시지를 보내왔는데 대부분 싱가폴, 베트남 그리고 일본 여자 등이었다. 그중에는 먼저 궁금해 유심히 본 기억이 나던 게이코라는 여성도 있었다.

   규섭은 다시 한번 유심히 훑어 보았다. 주로 20, 30대 여자들이 대부분인 페이스북에서 50대 중반의 이 여자는 무엇이지 규섭은 갑자기 알 수 없는 약간의 호기심이 생겼다. 규섭은 중국어 일본어 어학 공부를 꾸준히 해온 덕에 소통엔 거의 문제가 없었다. 그리고 30대 젊은 시절 여러 차례의 일본 출장으로 일본 여자들에 대하여도 그다지 낯설지는 않았다. '그래 심심한데 간만에 메시지나 한번 던져 볼까?'

"안녕하십니까?

저도 반갑습니다. 좋은 친구 합시다." 규섭은 의례적인 메시지로 답신을 보냈다.

잠시 후

"네 한국의 멋진 신사분을 친구로 하고 싶어요" 라고 문자가 왔다.

규섭은 "저도 일본의 좋은 친구를 사귀고 싶습니다." 하며 문자를 이어갔다. 어느 정도 인사 문자가 오고 갔을 무렵 갑자기 게이코는 서로에게 좀 더 자세히 자기소개를 하였으면 좋겠다는 것이었다. 그래 그렇잖아도 나도 당신이 궁금했다. 프로필이야 규섭도 화려 그자체 였기 때문에 거리낄 것은 없었다.

규섭은 한국의 유수한 대학에서 석박사를 마쳤고 현재는 이것저것 빵빵한 연금도 수령하며 취미로 작가활동을 하는 50대 후반이다. 3년 전 사별하였고 자녀들은 모두 출가 하여 서울에 혼자 살고 있노라고 간략히 소개하였다. 그러면서 '당신도 간단히 소개 좀 부탁한다' 라고 메시지를 보냈다.

잠시 후 '게이코는 혹시 영어가 가능하냐?' 라고 물었다. '좋다 영어든 일본어든 나는 상관없다' 라는 답신을 보내자 게이코는 영어로 메시지를 대체 하였다. 그러면서 은밀히 내가 아직 당신을 전적으로 신뢰할 수는 없으나 어느 정도 믿을 수 있는 사람이라 판단되어 자기를 소개한다 이야기하며 자기는 사실은 일본여자 게이코가 아닌 태국 국적이며 전 태국의 총리였던 '잉락 친나왓'이라는 것이었다

"뭐라구요?? 잉락 이라니……?"

맞다. 그러고 보니 익숙한 얼굴이 어디서 많이 보았던 것 같았는데 그 미모의 태국총리가 자기라니 이 무슨?…… 가만 가만.

규섭은 깜짝 놀라 갑자기 흠칫하여 침대에서 벌떡 일어나 침대 옆 착은 소반의 물을 벌커덕 마셔댔다. 잉락은 정말 아름다운 미모의 여성으로서 평소 규섭이 흠모해 마지 않는 그런 여성총리였다. 그런 총리가 왜 어떻게 페이스북을 통해 나에게 연결된 것일까 이게 사실일까?

가능하기는 한 걸까? 규섭은 뭐가 뭔지 갑자기 혼란스러웠다. 하긴 우리나라 대통령을 비롯 외국의 원수들도 페이스북을 하는데 잉락이라고 못할 것은 없지 그렇게 생각하다가도 다시 그런데 하필 왜 나에게 그리고 또 일본 여성 게이코라고 하였던 것은 무엇이지? 규섭은 점점 깊어지는 궁금증과 호기심이 일었고 한편은 사기일지도 모른다는 생각으로 여기에 휘말리지 않고 냉정을 되찾고 차분히 접근해 보아야 하겠다는 생각이 들었다. 그러면서도 한편 가슴이 콩콩 뛰었다.

잠시 바쁜 일이 있으니 조금 후에 메시지를 나누자 하고 일단 접속을 끊었다. 도대체 잉락 이라니? 이 무슨 시튜에이션이란 말인가…… 규섭은 편안한 잠옷 스타일로

갈아입고 컴퓨터 앞에 앉았다.
　인터넷 검색으로 잉락에 대해 잠시 알아보기로 하였다.
　56세인 그녀는 미인대회 출신으로 태국 최초 여성총리 이었으며 그녀의 오빠인 탁신 친나왓 전임 총리에 이어 40대에 약 3년여 기간 총리를 지냈다. 그녀의 오빠 탁신은 현재는 군부에 의해 축출되어 망명 생활을 이어가고는 있으나 태국에서 사업에 엄청 성공하여 막대한 부를 일구어낸 초대형 재벌 출신 전임총리 아닌가? 그야말로 태국의 정·재계 최고의 명문집안 출신이다. 이것이 인터넷에 검색된 그녀의 대략적 히스토리이다.

　이제 날은 어둑하여 5층 베란다 앞 산수유 숲이 제법 컴컴해 졌다.
　잠시 진정한 규섭은 그래 아직 상황도 파악 안된 마당에 미리 섣불리 판단하지는 말고 무슨 연유인지 과연 그녀가 전임 총리는 맞는지 확인 후 다시 생각해 보자 하고 흥분을 잠시 갈아 앉혔다. 그리고 아니면 말고 그렇다 쳐도 그 자신도 조금도 위축될 필요가 없다는 생각이 들었다. 박사에다 건축사 출신의 전문가이며 귀공자 같다는 그런 준수한 외모에 무어 그리 꿇릴 것도 없다는 생각에 이르자 순간 어디서 갑자기 근거 없는 자신감으로 충만해졌다.
　그때 다시 다시 휘리릭~ 하더니 다시 메시지 도착 소

리가 났다. 그녀였다. 규섭은 좀전의 흥분때와는 달리 차분하고 냉정한 태도로 대화를 이어갔다. 일국의 총리를 지내신 당신이 어째서 무슨 연유로 신분을 일본 여자로 숨기고 나에게까지 친구 요청을 한 것인가?

당신이 정말 잉락은 맞는 것인가 나는 평소 페이스북에 사기성이 많다고 생각되어 거의 대화를 하진 않는데 당신이 정말 궁금하다, 라고 메시지를 보내었다.

그리고 얼마 후 긴 문장의 그녀의 답신이 도착하였다. 그러면서 자기는 잉락이 맞으며 당신이 나와 나눈 대화의 보안을 유지해 줄 것을 약속할 수 있다면 당신이 궁금해하는 것들에 대해 사실대로 이야기해 줄 수 있다, 라는 것이었다.

규섭은 속으로 나를 어떻게 믿고…… 설사 그렇다 치더라도…….

규섭은 갸우뚱 했지만 일단 사실이 궁금하여 알았다 약속하마 라고 그녀를 안심시켰다.

그리고 나를 믿고 이야기해 주면 좋겠다 라고 하여 그녀가 안심할 수 있도록 그에 대해 그녀가 안심할 수 있는 몇 가지 증거를 보여 주었다, 전직 대기업의 중역으로 있었던 관련 서류며 대통령 표창 박사 학위증명서 등 그녀의 답변을 받아내기 위해 밑밥을 보여 주었다. 그래야 그녀도 나를 믿고 어느 정도 사실대로 이야기 할 수 있을 것 같다 라는 생각에서였다. 알았다. 고맙다 일단 당신을 신뢰한다, 라며 그녀가 털어놓은 사실은 이러했다.

자기는 아는 대로 전임 총리인 탁신의 여동생인데 애초 오빠처럼 정치의 뜻은 없었다. 탁신의 막내 동생으로 남편과의 사이에는 아들 한 명이 있으며 당초는 가족기업을 운영해 오던 중 오빠가 군부 쿠테타로 실각 되었고 그 후 연합된 당의 지지자들에 의해 군사정권 하에서 승리를 거두었으나 군부에 의해 당의 정치활동이 금지되었으며 이후 다시 창당한 당에서 승리하자 당수가 되어 줄 것을 요청해 왔으나 그녀 자신은 총리가 되기를 원치 않아 거절하고 사업에 집중을 하고 싶었다. 그러나 지지자들의 열렬한 요청에 의해 태국의 국민의회의 대표총선에서 승리를 거둬 2011년 5월 총리가 되었다는 것이다.

이후 2012년엔 핵안보정상회의 참석차 2013년엔 박근혜 대통령의 취임식에 참석차 서울에도 두 번 방문한 적도 있다는 것이었다.

순탄하게 총리직을 수행해 오던 그녀는 전 국가안보위원장을 경질하는 과정에서 실각한 오빠탁신을 사면하려 하였다 하여 권력 남용이라는 헌법재판소의 판결을 받아 실각하였는데 이 과정에서 총리 시절 했던 쌀 수매 정책 과정에 국가재정의 손실과 부정부패를 하였다는 혐의로 5년 형과 함께 거액의 벌금형및 모든 재산을 압류당하게 되고 2017년 8월 오빠처럼 망명을 선택하여 해외에 체류하고 신분을 위장하여 살 수밖에 없었다는 것이었다.

여기까지는 규섭이 인터넷 검색과정에서 확인된 사항

과 거의 일치되고 있었다. 그렇다 해도 그녀가 잉락이라는 직접적인 증거는 아직 아니기에 규섭의 마음속에서는 여전히 불신이 자리잡고 있었다. 그러나 규섭은 종전하고는 달리 차분히 조심스럽게 질문을 더해 나갔다.

아직 전후좌우를 잘 알 수는 없는 상황이기는 했지만 만일 이것이 사실이라면 그녀가 대단히 험로를 거쳤을 것이고 고초가 많았을 거라는 생각이 들었다. 그 좋은 환경에서 정치에 뛰어들지 말고 평생을 호의호식 하며 살 수 있었을 터인데 어찌 저런 기구한 신세가 되었나 하는 딱한 심정이 들기도 했다. 그러나 규섭은 다시 냉정을 찾고 그렇다면 내가 당신이 잉락이 맞다 라고 확인할 수 있는 그런 뭐가 있는가 라고 물었다. 그러고 나서 10여초가 지난 후 갑자기 휴대폰 벨이 울리면서 영상통화로 전환되었다. 규섭은 기겁을 하여 서둘러 휴대폰을 뒤집어 침대로 곤두박질 치게 하며 화면을 정지 시켰다. 어휴!~ 뭐지? 너무 당황한 나머지 등 뒤에서는 진땀이 흐르고 머리속이 하얘졌다.

잉락이라는 여자가 갑자기 전화를 걸어왔던 것인데 규섭은 잠옷바람 인데다가 그녀가 예고도 없이 갑자기 통화를 시도하리라고는 전혀 예상치 못한 상황인데다 갑자기 화면을 보며 영어로 서로 대화를 해야될판 이어서 순간 너무 당황 했던 것이다. 영어를 읽고 쓰는 것에는 어느 정도 막히고 어려움 없이 가능하지만 그렇다고 아직 매끄럽게 대화를 나눌 정도는 못되었던 것이다. 너무 놀란 규섭은 그녀가 이렇게 화끈하게 직접 화상전화를 걸어 올 줄은 몰랐다.

규섭은 서둘러 오늘은 나도 쉬어야 하니 내일 다시 대화하자, 라고 히여 일단 대회를 끊었다.그런데 그러고 보니 너무 놀라서 진정 차마 얼굴을 보지 못했던 것이다.

규섭은 베란다로 가서 창문을 열고 베란다 숲의 시원한 공기를 한번 쭈욱 들이 마시고는 심호흡을 한 뒤 다시 쇼파에 앉았다. 그리고는 잠시 조금 전 상황을 찬찬히 다시 떠올렸다. 뭐지 정말 잉락이 맞는가 보네 만일 가짜라면 저렇게 당당히 그것도 화상전화로 걸어올 수 있을까?

규섭은 갑자기 머리가 복잡해 왔다. 내일 처리 해야할 일도 있으니 오늘은 일찍 잠이나 자야겠다. 규섭은 잠을 청했으나 뒤척이며 쉽게 잠에 빠져들 수 없었다.

4.

새날이 밝았다. 아침 모닝커피를 한잔하고는 오늘 현장으로 가서 확인 감리 하여야할 주요 내용을 먼저 이메일로 확인하여 점검하고 고등학교 동창 카톡방에 친구들과의 아침 인사를 주고받는 사이, 휘리릭~ 하며 다시 메시지가 도착했다. 그녀였다. 가벼운 인사를 주고받으려는데 그녀가 물었다 어제 왜 전화 안 받으시고 황급히 전화를 끊었냐 하는 것이었다. 규섭은 적당히 둘러댔다.

규섭은 그렇다면 당신은 지금 어디에 있으며 어떤 상황

인가 오빠하고는 연결은 되는 것인가.

당신 남편과 자녀와는 어떻게 소통하며 지내는가 물었다.

그녀는 두바이에서 오빠와 잠시 같이 있었으나 자기가 있는 곳이 노골적으로 노출되면 안돼서 여기저기 거처를 옮겨 다닌다 했다. 영국을 거쳐 지금은 일본의 오사카에 있는데 이곳에서도 마트에 가면 자기를 알아보는 사람들이 많고 함께 사진을 찍자는 사람들이 있어 지금 또 다른 곳을 알아보려던 차에 웬지 여러면에서 신뢰가 가고 믿을수 있을 듯한 규섭과의 대화를 시도했노라고 했다. 그러면서 이제는 몸도 마음도 지쳐 돈도 명예도 싫고 누군가와의 대화와 자기를 이해하고 보호해줄 사람이 필요하다 하는 것이었다.

남편과는 얼마 전 사별하였으며 아들이 하나 있는데 연락을 취해 가끔 만난다는 것이었다.

규섭은 그럼 지금 일본에서의 생활은 어떻게 하느냐고 물었다. 태국 내 집권 세력이 오빠와 자기의 동태를 파악하고는 있지만 정치적으로 아주 행동 자체를 철저하게 감시하는 입장은 아니라 외출은 할 수 있으며 아주머니 한 분이 일을 보아주고 있다는 것이었다.

규섭은 이제는 이 여자가 갑자기 부담스러워졌다.

이 여자와 내가 대화하는 것이 잘 하는 것인가? 점점 빠져들면 안될것 같아서 약간의 거리를 두어야겠다. 라고 생각하였다. 조금 더 알아보기로 하고 형식적인 대화와 답변으로 이어 나가다 외출을 해야 한다며 다시 대화를 끊었다.

규섭은 아침을 가볍게 들고는 오늘은 교대로 향했다. 사업 관련 업무차 강남으로 가는 지하철을 기다리는 중이었다. 지하철을 타서도 머리속은 온통 잉락에 관한 생각으로 뭐가 뭔지 모를 혼란으로 뒤덮였다.
 외출에서 들어오자 오후 6시쯤 다시 그녀의 메시지가 들어왔다.
 규섭은 의도적으로 메시지를 피했다.
 전에는 과연 잉락일까? 라는 생각에서 정말 잉락일지도 모른다로 생각은 바뀌어 갔으나 아직도 무언가 보지 말았어야 할 엄청난 비밀의 방에 들어선 것처럼 머리는 복잡해졌다.

여자는 육감적으로 규섭이 일부러 자기 메시지를 피하는 것을 느꼈는지 평소보다 많게 몇 건의 메시지를 보내 왔다. 어떻게 해야 하나? 나와 대화 하려는 이 여자의 의도는 무엇일까? 또 먼저 번처럼 화상통화로 갑자기 들이대면 어떡하나 규섭은 잠시 생각 후 피하는 것만이 능사는 아니고 안되는 상황이면 모질게 끊어야겠다, 라고 판단되어 살며시 메시지를 열어 보았다.
 여자는 규섭이 대화를 가만이 끊고자 함을 눈치 채었는

지 매우 마음이 아프다 하면서 자기가 부담이 되어서인지 아직도 자기를 믿지 못해서 그런건지 모르겠다며 자기는 정말 규섭이 자기를 품어 주리라 생각하고 진정으로 대했는데 자기를 피하고 멀리하려는 느낌을 받았다며 원치 않으면 대화를 접어도 좋다, 대신 나와의 그간 대화 내용은 꼭 비밀유지를 해달라는 것이었다. 그러고는 잠시 후 본인의 여권 사진을 보내왔다.

사진 속 여권은 정말 영락없는 잉락이었다. 2022. 9월에서 2032. 9월까지로 되어있는 여권은 사실이었다. 규섭은 더욱 혼란스러웠다. 이 여자를 과연 어찌해야 하나 모르는 척 해야하나 이 외롭고 힘든 여자를 정신적으로 품어줘야 하나

규섭은 그래서 오빠와 당신은 앞으로 어떻게 되는지를 물었다. 다행히 국내 상황이 좋아지고 있어 오빠의 딸이 총선에서 승리하게 되면 오빠도 태국으로 돌아가고 자기도 회복이 될수 있을 것 같은데 아직은 알 수가 없다는 것이었다.

규섭은 그래서 내가 무얼 어떻게 해주면 좋겠냐고 물었다. 여자는 이제 오사카도 떠나 다시 다른 곳으로 가고 싶은데 당신이 좋다면 한국으로 가고 싶다는 것이었다. 다만 보안이 유지되어야 하며 당신이 나의 남자가 되어 주었으면 좋겠다는 것이었다. 당신을 믿고 의지하고 싶다는 것이었다. 뭐지? 이건 또 나의 남자라니⋯⋯ 규

섭은 갑자기 정신이 혼미해 왔다. 규섭은 당신의 남자가 무슨 뜻이냐고 의미를 물었다. 나를 안지 얼마나 되었다고……?

　여자는 비록 짧은 순간 대화를 나누었지만 당신을 신뢰할 수 있겠다는 판단이 되고 당신은 나를 버리지 않을 것이라는 믿음이 들었다 하는 것이었다. 규섭은 갑자기 마주친 이 엄청난 현실이 무슨 귀신에 홀린 느낌이 되어 블랙홀처럼 빠져들었다. 그리고는 믿기지는 않지만 이즈음부터 만일이라는 상황을 가정하게 되었다. 지금은 비록 어려운 처지일지 모르지만 살다 보면 다시 회복되는 날도 있을 수 있고 아니면 내가 이 여자로 인해서 엄청난 딜레마로 빠질수도 있는 현실을 가정하게 되었다.
　그러면서 한편으로는 그래도 남자가 여자가 이렇게 힘들고 외로운데 모르면 몰라도 나를 믿고 자기의 모든 상황을 고백한 여자를 모른체 한다는 것은 남자의 도리가 아니다 라는 동정론이 일기 시작하였고 더군다나 지식인으로서의 취할 태도가 아니라고 판단되었다. 그래서 일단 나도 이제는 너를 믿는다, 그러나 한국으로 오는 건 조금 현실적 고민을 해보자 라고 위로 시키고 지금 일본에서의 생활은 어떻게 지내는지 궁금하다 했더니 그녀는 자기의 숙소 내에서 평상복 차림으로 환히 웃는 즉석 사진을 보내왔다. 사진 속 그녀의 모습은 조금 우울해 보이기는 했지만 썩어도 준치라고 미인대회 출신 총리다운 기품과 태국 제일의 갑부의 모습을 보여 주듯 귀티와 미모가 철철 흘러넘치는 모습이었다. 영락없는 잉락이 맞구나! 규섭은 이제 확신을 넘어 불행할지라도 이 여자와 함께 해보자 라는 생각을 하게 되었다.

이후 그녀는 규섭을 달링이라 부르기 시작하였고 규섭은 그런 그녀를 나의 아름다운 공주님이라 부르며 꿈같은 며칠의 시간이 흘렀다. 대화 때마다 그녀는 자기를 배신하지 말아 달라며 규섭과 끝까지 함께 서로 믿고 사랑하고 싶다는 것이었다.

두 사람은 며칠 새 많은 대화를 거치며 더욱 가까워졌고 규섭은 점차 어떤 난관이 있어도 그녀를 끝까지 꼭 지켜 주고 싶다는 마음으로 가득 차게 되었다.

5.
규섭은 이제 정말 현실적인 고민에 빠지게 되었다. 더 이상 미룰 수도 그렇다고 발을 뺄 수도 없는 상황에서 며칠을 고민하다 처음으로 고등학교 동기인 유 교수에게 최근 얼마동안에 벌어진 이 엄청난 일을 객관적으로 친구의 조언을 받고 싶었다. 친구는 나 보다도 훨씬 오래전에 상처를 한 아픔을 갖고 있었다. 미국 유학을 다녀와 국내 유명 사립대 교수를 지냈고 지금은 대학을 퇴직 후 고향인 강화에서 후학을 육성하며 편안한 노후를 보내고 있다.

유 교수는 규섭이 보여준 통화내역과 여권, 숙소 사진 등을 종합해본 결과 잉락이 맞는 것 같고 너에게 모든 것을 믿고 털어놓은 것 같다, 라고 이야기하면서 그러나 판단은 신중히 하라고 하였다. 사실 규섭은 이제 그녀와의 직접 대화의 필요성을 느꼈으나 직접 영어로 대화 하는데는 한계가 있을 수 있어 친구의 도움을 받을까 하였던 것이다. 그러나 아무도 모르게 접촉을 원하는 그녀가 규섭이 친구에게 이야기한 것을 알면 실망하고 문제가 있을 수 있다 판단되어 어눌하지만 규섭이 인사와 간단한 접촉이라도 직접 해보는게 낫겠다 싶어 비로서 오늘 처음 그녀에게 메시지를 보내었다.

규섭은 업무상 여의도를 가면서 오후 4시경 화상으로 잠시 통화하기로 하자고 그녀에게 메시지를 보냈다. 그 이후 과천으로 가서 삼현 친구와 만나서 이후 어떻게 하면 좋을지를 의논하기로 했던것이다. 삼현에게는 급히 상의할 중요한 일이 있어 저녁때 과천에 가겠노라고 식사 약속을 잡았다.

그리고 일을 보는 중간중간에 그녀의 답변을 기다려 보았다. 그런데 이상한 일이다. 평소 메시지에 즉각 즉각 반응해오던 그녀가 갑자기 그날따라 답이 없었다. 처음 경험해보는 이상한 일이었다. 이런 일은 없었다. 항상 먼저 메시지를 보내고 달링달링 하던 그녀가 어쩐 일이지 모처럼 규섭이 용기 내어 직접 대화를 하기로 결단을 내었건만…….

　예기치 못한 상황에 규섭은 갑자기 이상한 예감이 들었다. 무슨 일이 갑자기 생겼나보다 라고 생각을 하면서도 그녀를 믿고 있었다. 그러나 시간이 지나도 반응이 없는 그녀의 행동에는 이상한 느낌을 지울 수 없었다. 어쨋던 규섭은 여의도에서 일을 마친 후 약속된 시간에 전화를 걸기 위해 여의도의 조용한 카페에 자리를 잡고 앉아 설레는 그녀와의 첫 대면을 어떻게 해야 하나 하면서 고민을 하고 있었다. 그러나 약속 시간이 임박해서도 여전히 그녀는 답이 없었다.

　아무런 답변이 없자 규섭은 직접 통화를 시도했다. 이윽고 신호가 가자 규섭은 화상통화로

　전환하여 그녀와의 첫 만남을 기대하였으나 이게 무슨 일인가 예전에 규섭이 그랬던 것처럼 그녀가 황급히 전화를 끊어 버리는 것이었다. 규섭은 뭔가 불길한 느낌이 들며 잠시 후 다시 한번 시도 하였으나 역시 전화는 끊기고 말았다.

　규섭은 순간 다시 머리가 하얘졌다. 이건 무슨 상황이지 삼현과의 약속도 잡혀있어 규섭은 일단 과천으로 이동하면서 그녀에게 다시 메시지를 넣었다. 내가 4시에 화상통화를 하자 하였는데 왜 답변이 없고 전화도 꺼버리느냐 무슨 일이냐? 친구 집으로 가는 중이니 메시지를 보면 문자나 전화를 줬으면 좋겠다 라고 삼현 집으로 이동하는 가운데 얼마 후 그녀에게서 메시지가 날아왔다.

아까는 목욕 중이라 전화를 받을 수 없었는데 꼭 통화를 해야겠냐는 전혀 예상 밖의 답변이 날아왔다. 아니 이건 뭐지 자기가 먼저 통화하자고 전화를 시도할 때는 언제고 이제 와서 꼭 통화를 해야겠냐는 것은 또 무슨 말인지 규섭은 뭔가 잘못되어가고 있다는 것을 직감했다.
　규섭은 다시 문자로 내가 지금은 이동 중이니 6시에 친구 집에서 다시 내가 전화하겠다고 문자를 넣었다.

　삼현은 오랜만에 보는 규섭을 문밖에서 반갑게 맞아 주었다. 식탁에는 소주며 막걸리와 안주 등도 준비해 놓고 있었다. 친구 와이프의 건강이 악화된 후로는 그도 시간이 없어 자주 가보지 못했던 것이다. 삼현 집에 도착한 규섭은 친구에게는 상황 설명 없이 우선 잠시 조용한 방에 들어가 통화좀 할 일이 있다 하고 그녀에게 전화를 다시 전화를 시도했다, '이번에야말로 핑계 대지는 못하겠지……' 이윽고 전화 발신음이 올리고 규섭은 다시 초조함과 쿵쾅거리는 마음을 진정하며 그녀가 나타나기를 기다렸다. 이윽고 신호가 가고 잠시 후 휴대폰 저쪽의 화면이 미세하게 흔들리더니 누군가가 나타났다.
　오~마이갓!
　긴장속 주시하던 화면 너머 저편을 바라보던 규섭은 소스라치게 놀라고 말았다. 그녀는 공주님이 아니었다. 화와이 원주민 같이 뚱뚱하고 거무틱틱하며 입술이 두터운 웬 낯선 여자가 알라딘의 요술램프속 그녀처럼 뽕하고 나타나 규섭을 보더니 헬로우를 외치고 있었다. 너무 놀란 규섭은 순간 기절할 뻔 하였다. 황급히 휴대폰을 눌러 꺼버린 후에도 너무 놀라고 황당해서 좀처럼 한동안 진정이 되지 아니 하였다 정신이 나간 듯 하였다.

"규섭아 나와서 식사하자~"라고 거실에서 부르는 삼현의 목소리가 전혀 들리지 않는 듯 한동안 넋이 빠진 규섭은 물끄러미 허공만 응시하고 있었다.

남기선 소설가, 수필가

1958년 인천 출생
중앙대학교 사회개발대학원 행정학석사, 중앙대학교 국제경영대학원 경영학석사
2022년 7월 문학고을 수필 당선 2023년 5월 월간 시사문단 단편소설《代》당선
2024년 제19호 봄의손짓 빈여백동인문학지 단편소설《등대》 당선
한국문예창작진흥원 교수
빈여백 동인, 한국시사문단작가협회 회원
한국소설가협회 회원, 한국문인협회 회원
문예창작실기지도사 1급, 을지대학교 겸임교수
연세대 산학협력단
서울시 인재개발원 강사
월드로 마켓 대표
현) 문학고을 부회장 / 수석고문/ 등단 심사위원
제19회 빈여백동인문학상
서울시장 직무유공 표창
정부우수공무원 국무총리 표창
〈저서〉 문학고을 10선집, 13선집 (공저)
월간 시사문단 2023. 2월호, 5월호 (공저)
봄의 손짓 빈여백동인지 제19호 (공저)
현) 문학고을 부회장